Die neue
Cucina del Sole

COLLECTION
ROLF HEYNE

Mario Gamba

Die neue
Cucina del Sole

Fotografiert von
Bernd Euler, Bodo Schieren und Rainer Herrmann

COLLECTION ROLF HEYNE

Inhalt

Heinz
Winkler

Vor knapp 30 Jahren habe ich Mario Gamba kennengelernt, während meiner spannenden Zeit im Münchner Restaurant »Tantris« – einen neugierigen, kreativen und kommunikativen Italiener, der im Service arbeitete und nie aufhörte, in der Küche Fragen zu stellen und sich auf unverwechselbare Art »einzumischen«. Vieles hat mich seitdem mit Mario verbunden: Nach den Jahren in München haben wir auch auf Mallorca und in Osaka zusammengearbeitet; mit unermüdlichem Einsatz hat er mir schließlich bewiesen, dass er auch kochen konnte. Es gibt so viele gemeinsame Erinnerungen – wie damals, als wir spät am Abend vom München weg nach Saint Vincent gefahren sind. Wir haben uns verfahren und die ganze Nacht gebraucht, bis wir in Frankreich waren – und ohne Schlaf waren wir dann früh morgens gleich in der Küche ...

Mario Gamba ist ein Quereinsteiger in der Gastronomie. Die italienische Presse hat ihn gleich nach seinen ersten selbstständigen Schritten in der Gastronomie »Architetto del Gusto« genannt, Architekt des Geschmacks – eine Anspielung an seinen früheren Beruf und zugleich an seine neue, kreative und raffinierte Küche. Mit seinem Münchner Restaurant Acquarello hat er dann unweit von Italien einen Ort geschaffen, in dem er seiner Cucina del Sole eine Heimat gegeben hat. Man kann Mario Gamba nicht mit anderen Italienern vergleichen – mit seiner Küche hat er tatsächlich etwas Neues geschaffen. Die beliebten Klassiker unverändert anzubieten, interessiert Mario Gamba nicht. Nie vergisst er, dass es in der Küche um konstante Veränderung, ja um Kommunikation geht, nie vergisst er, dass er für Gäste produziert – und dabei will er eine bleibende Geschmackserinnerung hinterlassen. Sein Gast muss fühlen: So habe ich noch nie gegessen.

Mario Gamba ist der beste Italiener Deutschlands, weil er dauernd auf der Suche ist – und ist, wie alle Großen, von dem ewigen Gefühl begleitet, nicht angekommen zu sein. Er hört nie auf, auf Entdeckung zu gehen. Mit Leichtigkeit, Neugier und Kreativität hat sich Mario Gamba mit der italienischen Kochkultur und -tradition auseinandergesetzt und daraus seine Cucina del Sole entwickelt – das hat man vor ihm nicht gekannt, denn es ist tat-

sächlich sehr schwierig, aus dem italienischen kulinarischen Kulturgut heraus einen eigenen, zeitgemäßen Weg zu gehen. Mario hat eine elegante Küche kreiert – und, was wirklich besonders ist: Er bleibt sich über die Jahre hinweg treu. Hinzu kommt: Mario Gamba
ist der geborene Gastgeber, er hat einen sechsten Sinn für Menschen. Mario braucht seinen Gast nicht zu befragen, er liest dessen Wünsche von den Augen ab – sogar wenn der
Gast nicht weiß, was er will …

Der ewig suchende Mario Gamba ist immer für eine Überrauschung gut. Jedes Mal,
wenn ich ihn in seinem Acquarello besuche, weiß ich, dass er etwas Neues parat hat.
Jedes Mal freue ich mich darauf. Und genauso freue ich mich auf sein Kochbuch!

Wo fängt das Kochen an? Wo fängt die Kreativität an?

Fängt alles beim Schmecken an? Oder ist der Geschmack eher das Endergebnis eines langen Prozesses, einer langen Suche, die beim Riechen und Sehen beginnt?

Vielleicht fängt das Kochen an, wenn man für 80 Leute gekocht hat, wenn man täglich schneidet, schält, probiert, wiederholt. Die Kreativität fängt bei der normalen Arbeit, bei der geduldigen alltäglichen Wiederholung an.

Wo hat bei mir das alles angefangen? Womit habe ich begonnen?

Mit der Sonne – il sole –, mit den Sinnen – i sensi –, mit der Neugier – la curiosità.

Meine Küche ist die Cucina del Sole – die Sonnenküche –, denn sie ist eine Küche der fünf Sinne. Die Sonne spürt man mit allen Sinnen; wenn ich an die Sonne denke, sehe ich eine von strahlendem Licht durchflutete Landschaft, ein Licht, das alle Farben zum Leuchten bringt; ich spüre die Wärme, ich rieche tausend Düfte, die sich in wunderbare Geschmacksnuancen verwandeln lassen, und das Wasser läuft mir im Mund zusammen …

Wenn unser Gaumen etwas schmeckt, spüren wir es mit allen Sinnen. Und die Sinne sind eins mit unserer Imagination, mit unserer Fantasie. Deswegen ist für mich jedes Gericht ein Feuerwerk von Assoziationen und Sinneseindrücken – Bildern, Düften, Klängen … Und so verhält es sich auch mit meinem Buch »Cucina del Sole«: Es ist eine Anleitung und Anstiftung zum Genuss, meine Entdeckungsreise in die Welt der Sinne.

Buon viaggio!

Eine von strahlendem Licht
durchflutete Landschaft ...

... und ein Licht, das alle Farben zum Leuchten bringt.

Die Sardellenfilets waschen und trockentupfen. Für die Marinade alle Zutaten – außer den beiden Ölsorten – in einer Schüssel mischen und darin die Sardellen 4 Stunden marinieren. Die Sardellen herausnehmen und abtropfen lassen. Das Sonnenblumen- und Olivenöl in die Marinade geben. Die Sardellen hinzufügen und weitere 4 Stunden ziehen lassen.

Den Backofen auf 150 °C (Gas Stufe 1) vorheizen.

Für die Paprikasauce die Paprikaschoten vierteln, entkernen und mit der Innenseite nach unten auf ein Backblech legen. Mit Salz und Pfeffer würzen und das Olivenöl darüberträufeln. Die Schoten im vorgeheizten Ofen weich garen. In noch warmem Zustand die Haut von den Schoten abziehen. Das Fruchtfleisch im Mixer fein pürieren. Das Püree durch ein feines Sieb passieren und mit Salz und Pfeffer abschmecken.

Für das Zwiebelconfit die Zwiebeln schälen, halbieren und in feine Streifen schneiden. Das Öl bei geringer Hitze in einem Topf heiß werden lassen und darin die Zwiebeln anschwitzen. Den Zucker zugeben und rühren, bis er etwas Farbe angenommen hat. Mit Weißwein und Zitronensaft ablöschen. Die Gewürze hinzufügen. Das Confit zugedeckt bei geringer Hitze etwa 1 Stunde köcheln lassen. Vom Herd nehmen und abkühlen lassen. Lorbeerblatt, Wacholderbeeren und Nelke entfernen.

Zum Servieren die Paprikasauce als Spiegel auf die Teller geben und jeweils drei Sardellenfilets und das Zwiebelconfit dekorativ darauf anrichten. Mit den Paprikawürfeln und den Sellerieblättchen garnieren.

Rache vor dem nächsten Gericht:
einfach, aber unvergesslich…

Marinierte Sardellenfilets
auf gelber Paprikasauce

6 filetierte Sardellen

Für die Marinade
150 ml trockener Weißwein
100 ml Weißweinessig
2 Lorbeerblätter
1 Sternanis
5 Pfefferkörner
1 Knoblauchzehe
1 Teelöffel Salz
125 ml Sonnenblumenöl
125 ml Olivenöl

Für die Paprikasauce
3 gelbe Paprikaschoten
50 ml Olivenöl
Salz
Pfeffer aus der Mühle

Für das Zwiebelconfit
4 weiße Zwiebeln
100 ml Olivenöl
1 EL Zucker
50 ml Weißwein
Saft von 2 Zitronen
Salz
Pfeffer aus der Mühle
1 Lorbeerblatt
2 Wacholderbeeren
1 Gewürznelke

Zum Garnieren
2 EL gedünstete gelbe (nach Belieben
auch rote) Paprikawürfel
zarte gelbe Blättchen von Staudensellerie

Für die Paprikasauce die Paprika waschen, halbieren und das Kerngehäuse entfernen. In Olivenöl, Salz, Pfeffer und Zucker marinieren. Die Paprikahälften mit der Schnittfläche nach unten auf ein Backblech legen und mit Alufolie abdecken. Bei 180 °C ca. 20 Minuten garen und anschließend die Haut der Paprikaschoten abziehen. Die Paprika mit dem Mixstab pürieren und durch ein feines Sieb passieren.

Für das Gurkenrelish den Gurken- und Zitronensaft zusammen mit dem Rapsöl verrühren. Xantana dazugeben, mixen und mit Salz, Pfeffer und Piment d'Espelette abschmecken. Zum Schluss gekochte Senfkörner und die Gurkenwürfel zufügen

Flusskrebs-Gurken-Carpaccio

Für das Flusskrebs-Gurken-Carpaccio die Enden der gewaschenen Gurken abschneiden und die Gurke mit einem Apfelkernausstecher entkernen. Die Flusskrebse aus der Lake nehmen, ausdrücken und mit dem Ricotta mischen. Die Gurke fest mit der Masse füllen, in Folie einschlagen und einfrieren.

Für das Ingwermousse den Joghurt mit dem Ingwer verrühren und mit Salz abschmecken. 1 Löffel der Masse erhitzen, die ausgedrückte Gelatine darin auflösen und unter die restliche Masse rühren. Abkühlen lassen und die geschlagene Sahne unterheben. In kleine Metallringe mit 3,5 cm Durchmesser füllen und wieder kalt stellen.

Für das Paprikagelee die Paprika waschen, entkernen und klein schneiden. Zusammen mit dem Wasser mixen. In einen Topf geben und einmal aufkochen lassen. Die ausgedrückte Gelatine hinzugeben und durch ein feines Sieb passieren. Mit Salz abschmecken und abkühlen lassen. Danach auf das Ingwermousse geben.

Zum Servieren das Flusskrebs-Gurken-Carpaccio mit der Aufschnittmaschine in dünne Scheiben schneiden und auf einem Teller anrichten. Mit dem Ingwerdressing marinieren und mit Salz und Pfeffer würzen. Das Ingwermousse in die Mitte des Tellers geben. Das Gurkenrelish um das Carpaccio geben und mit der Paprikasauce beträufeln.

… auf dem Teller versprüht es eine herzerfrischende Heiterkeit.

Für die Paprikasauce

5 rote Spitzpaprika, süß
50 ml Olivenöl
Salz
Pfeffer
Zucker

Für das Gurkenrelish

100 ml Gurkensaft
10 ml Zitronensaft
20 ml Rapsöl
1 g Xantana
1 Msp. Piment d'Espelette
Salz
Pfeffer
50 g Senfkörner, gekocht
350 g Gurkenwürfel

Für das Flusskrebs-Gurken-Carpaccio

200 g Flusskrebse in Lake
50 g Ricotta
2 Gurken
50 ml Ingwerdressing

Für die Ingwermoussse

250 g Joghurt
5 g Ingwer, gerieben
3 Blatt Gelatine, eingeweicht
Salz
125 ml Sahne, geschlagen

Für das Paprikagelee

4 rote Spitzpaprika
200 ml Wasser
2 Blatt Gelatine, eingeweicht
Salz

»Cucina del Sole:
Wissen mit Herz!«

Die Gambas bis auf den Schwanz aus der Schale brechen und jeweils den Darm entfernen. Kühl stellen.

Für das Tomaten-Dattel-Tatar alle Tomaten blanchieren und enthäuten. Die Hälfte der Strauchtomaten und die Fleischtomate entkernen; das ausgelöste Fruchtfleisch in eine Schüssel geben. Das entkernte Fruchtfleisch von beiden Tomatensorten in kleine Würfel schneiden und in einer Schüssel beiseitestellen. Die restlichen Strauchtomaten grob zerkleinern und zum ausgelösten Fruchtfleisch geben.

Für die Tomatencreme die Schalotten schälen und grob zerkleinern. Etwas Öl in einem Topf erhitzen und darin die Schalotten glasig dünsten. Das Fruchtfleisch mit den grob zerkleinerten Strauchtomaten hinzufügen, kurz aufkochen lassen und mit Noilly-Prat ablöschen. Den Essig zugeben, mit Salz und Pfeffer würzen. Das Ganze so lange einkochen, bis eine leicht cremige Konsistenz entsteht. Die Creme durch ein feines Sieb passieren und die ausgedrückte Gelatine darin auflösen. Kalt werden lassen.

Inzwischen für das Tatar die Datteln fein würfeln, die Frühlingszwiebeln sowie die Peperoni in sehr feine Ringe schneiden und alles in eine Schüssel geben. Die Tomatenwürfel, Schnittlauch, Zitronensaft und Öl hinzufügen. Mischen und mit Salz, Pfeffer und Zucker würzen.

Für den Tomatenschaum den Tomatenfond auf die Hälfte reduzieren. Die ausgedrückte Gelatine darin auflösen. Die Sahne zugießen. Mit Salz und Pfeffer abschmecken. Abkühlen lassen.

Die Tomaten-Sahne-Mischung in einen Sahnebereiter füllen (gut zu handhaben ist der »Easy Whip«). Eine Sahnekapsel einschrauben und kräftig schütteln. Vor dem Anrichten die Konsistenz prüfen. Sollte die Masse zu weich sein, eine weitere Kapsel einschrauben.

Die Gambas würzen und in Olivenöl braten. Auf Küchenpapier abtropfen und abkühlen lassen.

Zum Servieren die kalte Tomatencreme als Spiegel auf einen Teller geben. Das Tatar mithilfe eines Ringes rund formen und auf die Creme setzen. Die Gambas auf die Tomatenscheiben geben und ebenfalls auf den Teller setzen. Den Tomatenschaum auf das Tatar spritzen. Mit Tomatenscheiben und Pistazienkernen garnieren.

Tomaten-Dattel-Tatar
mit gebratenen Gambas auf Tomatencreme

8 Gambas

Salz

Pfeffer aus der Mühle

Olivenöl

Für die Tomatencreme

400 g Strauchtomaten

1 große Fleischtomate

2 Schalotten

1 EL Olivenöl

1 EL Noilly-Prat (französischer Wermutwein)

1 EL Aceto balsamico

1 Blatt Gelatine, eingeweicht

Für das Tatar

50 g Datteln

1 Bund Frühlingszwiebeln

1 rote Peperoni

1 TL fein geschnittener Schnittlauch

Saft von 1 Zitrone

1 EL Olivenöl

1 Prise Zucker

Für den Tomatenschaum

400 ml Tomatenfond

(siehe Grundrezept Seite 258)

1 Blatt Gelatine, eingeweicht

100 ml Sahne

Zum Garnieren

8 getrocknete Tomatenscheiben

(siehe Grundrezept Seite 260)

20 Pistazienkerne, zerkleinert

Scheiben von frischen Tomaten

Für die Caponata

1 Aubergine
100 g Staudensellerie
2 rote Paprikaschoten
2 gelbe Paprikaschoten
2 Tomaten
2 Schalotten
Olivenöl
20 g Zucker
1 EL Rotweinessig
50 g geröstete Pinienkerne

50 g Kapern
Salz und Pfeffer
20 Gambas
Olivenöl

Zum Servieren

40 g Honig
150 ml Weißwein
150 ml Weißweinessig
Salbeiblüten
(nach Belieben)

Caponata mit gebratenen Gambas

Die Aubergine und den Sellerie waschen und würfeln. Die Paprikaschoten entkernen und ebenfalls würfeln. Alles kurz beiseitelegen.

Die Tomaten blanchieren, enthäuten, entkernen und würfeln. Die Schalotten schälen und ebenfalls in Würfel schneiden. Einen Esslöffel Öl in einer Pfanne erhitzen und die Schalotten glasig dünsten. Die Tomatenwürfel zugeben und andünsten. Den Zucker unterrühren und das Ganze mit Rotweinessig ablöschen. Vom Herd nehmen.

In einem großen Topf 2 bis 3 Esslöffel Olivenöl erhitzen und darin die Auberginen, Sellerie und Paprika anschwitzen. Die Schalotten-Tomaten-Mischung, die Pinienkerne und die Kapern unterheben. Mit Salz und Pfeffer würzen. Vom Herd nehmen.

Für eine Würzsauce Honig, Wein und Essig dicklich einkochen und abkühlen lassen.

Die Gambas bis auf den Schwanz aus der Schale brechen und jeweils den Darm entfernen. Mit Salz und Pfeffer würzen. In Olivenöl braten. Auf Küchenpapier abtropfen lassen.

Zum Servieren die Caponata auf Tellern anrichten. Die Gambas dekorativ aufstellen. Mit der Würzsauce und Salbeiblüten garnieren.

Caponata – so empfinde ich Sizilien auf dem Teller: Gambas, Hals über Kopf versunken in junges Gemüse.

Glattfelder-Kaviar in Zitronengelee mit Blattgold

Für die Panna cotta

200 g Blumenkohlröschen

1 Schalotte

30 ml Natives Olivenöl extra

2 cl Noilly-Prat (französischer Wermutwein)

Champagneressig

250 ml Gemüsefond

2 Blätter Gelatine, eingeweicht

100 g Schlagsahne

Für das Zitronengelee

200 ml leichter Geflügelfond (siehe

Grundrezept Seite 252)

10 g Meersalz aus der Camargue

50 g frische unbehandelte Zitronenblätter

Saft von 2 Zitronen

2 cl Gin

1 TL weiße Portweinreduktion (stark einge-

kochter weißer Portwein)

2 Blätter Gelatine, eingeweicht

Zum Servieren

50 g Sevruga-Kaviar (Glattfelder Selektion)

Kapuzinerblüten

4 Blättchen Blattgold

Für die Panna cotta die Blumenkohlröschen zerkleinern. Die Schalotte schälen und würfeln. Das Öl in einem Topf erhitzen und den Blumenkohl mit den Schalottenwürfeln anschwitzen. Mit Noilly-Prat und einem kleinen Schuss Champagneressig ablöschen. Die Gemüsebrühe zugießen und das Ganze köcheln lassen, bis der Blumenkohl weich ist. Den Inhalt des Topfes im Mixer pürieren, dann durch ein feines Sieb passieren.

Die ausgedrückte Gelatine in der noch warmen Blumenkohlmousse auflösen. Kalt stellen. Sobald die Mousse anfängt zu stocken, die Sahne steif schlagen und vorsichtig unter die Mousse heben. Nochmals 2 Stunden in den Kühlschrank stellen.

Den Geflügelfond erhitzen und das Meersalz darin auflösen. Vom Herd nehmen. Zitronenblätter, Zitronensaft, Gin und Portweinreduktion zugeben und 30 Minuten ziehen lassen. Durch ein feines Tuch passieren. Die Hälfte der Mischung erwärmen und darin die ausgedrückte Gelatine auflösen. Etwas abkühlen lassen und unter die andere Hälfte mischen. Ein flaches Gefäß mit Klarsichtfolie auslegen und das Gelee hineingießen. In den Kühlschrank stellen.

Zum Servieren ein Blättchen Blattgold in eine Kaviardose legen und darauf die Panna cotta setzen. Das Zitronengelee ringförmig ausstechen und mit Kaviar füllen. Den Ring auf die Panna cotta setzen und mit Kapuzinerblüten garnieren.

Für das Tatar

250 g sehr mageres Rinderfilet

20 g sehr fein geschnittene Schalottenwürfel

20 g sehr fein geschnittene Cornichonwürfel

10 g sehr fein zerkleinerte Anchovis

20 g sehr fein zerkleinerte Kapern

1 TL fein geschnittene Schnittlauchröllchen

1/2 TL Dijon-Senf

1 TL Olivenöl

Saft von 1 Limone

Salz

weißer Pfeffer aus der Mühle

200 g Sauerrahm

Für die Kartoffelspaghetti

1 festkochende Kartoffel

Öl zum Frittieren

Zum Servieren

50 g Imperial Kaviar

Rindertatar mit Sauerrahm und Kartoffelspaghetti

Das Rinderfilet in feinste, gleichmäßige Würfelchen schneiden. In eine Schüssel geben. Außer dem Sauerrahm alle restlichen Zutaten für das Tatar hinzufügen und sehr gründlich vermengen. Mit Salz und Pfeffer abschmecken.

Den Sauerrahm mit Salz und Pfeffer abschmecken und kalt stellen.

Die Kartoffel schälen und auf einem Gemüsehobel (auch Mandoline genannt) in lange, sehr feine Streifen schneiden. Einen langen, runden, hitzebeständigen Gegenstand mit Öl bestreichen und in Backpapier einpacken. Die Kartoffelspaghetti fest um das Backpapier wickeln und in der Fritteuse goldbraun backen.

Zum Servieren den Sauerrahm als Spiegel auf den Teller geben (oder in einer Kaviardose anrichten) und das Tatar daraufsetzen. Mithilfe von zwei Teelöffeln Kaviarnocken ausstechen und hinzufügen. Das Ganze mit den Kartoffelspaghetti garnieren.

Für das Magatello

400 g Rinderfilet

200 g Salz

300 g Zucker

1 Thymianzweig

1 Rosmarinzweig

2 Lorbeerblätter

2 Nelken

2 Wacholderbeeren

10 weiße Pfefferkörner

Für die Paprikasauce

5 rote Spitzpaprika, süß

50 ml Olivenöl

Salz

Pfeffer

Zucker

Für das Gemüse

Olivenöl

Salz und Pfeffer

50 g Zuckerschoten

12 Fingerkarotten

1 rote und 1 gelbe Paprikaschote

4 Kirschtomaten

50 g Sojabohnen

Magatello

Das Rinderfilet von Fett und Sehnen befreien. Salz und die Gewürze in eine Schüssel geben, gut vermischen und das Fleisch hineinlegen. 2 Tage im Kühlschrank marinieren lassen. Das Fleisch aus der Gewürzmischung nehmen, abwaschen und trocken tupfen.

Die Paprika waschen, halbieren und das Kerngehäuse entfernen. Mit Olivenöl, Salz, Pfeffer und Zucker marinieren. Die Paprikahälften mit der Schnittfläche nach unten auf ein Backblech legen und mit Alufolie abdecken. Bei 180° ca. 20 Minuten garen und die Haut der Paprikaschoten abziehen. Die Paprika mit dem Zauberstab pürieren und durch ein feines Sieb passieren.

Die Paprika schälen und in Rauken schneiden. Das übrige Gemüse putzen und in siedendem Salzwasser kurz blanchieren und in Eiswasser abschrecken. Das Gemüse mit Olivenöl marinieren und mit Salz und Pfeffer abschmecken.

Das Fleisch mithilfe einer Aufschnittmaschine in dünne Scheiben schneiden und auf einen Teller anrichten und mit Olivenöl bestreichen. Das Gemüse dazwischen verteilen und die Paprikasauce punktuell um das Fleisch herum garnieren.

Magatello: Er liebt mich, er liebt mich nicht, er liebt mich, er liebt mich nicht … er liebt mich!

Für den Carpaccio

320 g pariertes Kalbsfilet

Olivenöl

50 ml Zitronen-Oliven-Vinaigrette

Für die Tapenade

80 g entkernte schwarze Oliven

4 Anchovis-Filets

20 g Kapern

40 g Thunfisch aus der Dose

100 ml Olivenöl

Zum Garnieren

100 g Crème fraîche

Saft von 1/2 Zitrone

Salz und Pfeffer

2 Toastbrotscheiben

25 ml Olivenöl

50 g Butter

10 schwarze Oliven

1 Bund Rucola

20 Kapern

2–3 Blätter Frisée

Kalbscarpaccio mit Oliventapenade

Bei diesem Rezept gibt es nicht viel zu tun …
Die richtigen Zutaten zu nehmen,
reicht schon für meine Küche
ohne unnötiges Beiwerk.

Das Kalbsfilet in kleine Würfel schneiden. Zwei feste Plastikfolien mit Öl bestreichen. Die Würfel nach und nach in größerem Abstand zwischen die Folien legen und mit der glatten Seite des Fleischklopfers flach und so dünn wie möglich klopfen. Mithilfe einer Palette oder eines breiten Messers die Scheiben auf mit Olivenöl bestrichenen Tellern anrichten.

Für die Tapenade die Oliven, Anchovis, Kapern und den Thunfisch im Mixer pürieren. Das Öl in kleinen Portionen untermischen, bis eine glatte Creme entstanden ist.

Die Crème fraîche mit Zitronensaft, Salz und Pfeffer gründlich mischen. In den Kühlschrank stellen.

Das Toastbrot entrinden und in croutongroße Würfel schneiden. In einer kleinen Pfanne die Butter zerlassen und darin die Brotwürfel goldbraun rösten.

Die Oliven in Ringe schneiden. Den Rucola entstielen, waschen und trockenschleudern.

Zum Servieren den Carpaccio mit der Zitronen-Oliven-Vinaigrette beträufeln und mit Salz und Pfeffer würzen. Mit der Crème fraîche ein feines Gitter über den Carpaccio ziehen und in die Mitte eine Nocke Oliventapenade setzen. Mit Olivenringen, Rucola, Kapern, Croutons und Friséeblättchen garnieren.

»Wer liebt, der lebt,
wer lebt, der liebt,
wer liebt, der kocht,
wer kocht,
der liebt.«

32

Für das Kalbsfilet

800 g Kalbsfilet

1 Zwiebel

1 Karotte

1 Stange Lauch

1/2 Staudensellerie

2 l Geflügelfond

1/4 l Weißwein

2 Lorbeerblätter

6 Wacholderbeeren

Salz

Pfeffer

Für die Thunfischsauce

2 Eigelb

1/4 l Sonnenblumenöl

150 g Thunfisch, aus der Dose

50 g Kapern

10 g Sardellen

Rotweinessig mit 7% Säure

Salz

Pfeffer

Für den Tonnato-Espuma

100 ml Thunfischsauce

100 ml Sahne

Salz

Rotweinessig

1 Blatt Gelatine, eingeweicht

Für den Salat

1 kleiner Friseé

2 Bund Rucola

1 kleiner Lollo Rosso

100 ml Hausdressing

(siehe Grundrezept Seite 260)

Zum Servieren

Salz

Olivenöl

20 feine Kapernbeeren oder -äpfel

Vitello
Tonnato

Das Kalbsfleisch parieren und so von Fett und Sehnen befreien. Das Fleisch mit Salz und Pfeffer würzen und beiseitelegen. Die Zwiebel, die Karotte, den Lauch und den Sellerie schälen, waschen und grob würfeln. Den Geflügelfond und den Weißwein mit Lorbeerblättern, Wacholderbeeren, Salz, Pfeffer und dem Gemüse kalt aufsetzen, so entsteht noch ein intensiveres Aroma. Wenn das Wasser kocht, das vorbereitete Fleisch in den Fond geben und den Topf vom Herd nehmen. Das Kalbsfilet nun etwa 30 Minuten ziehen lassen. Anschließend das Fleisch aus dem Sud nehmen und auf einem Tuch abtropfen und auskühlen lassen. In Klarsichtfolie einrollen und kühl stellen.

Für die Thunfischsauce aus dem Eigelb und dem Öl eine Mayonnaise rühren. Den Thunfisch, Kapern und die Sardellen in einem Mixer fein pürieren und durch ein Sieb passieren. Die Paste unter die Mayonnaise heben und mit Salz, Pfeffer und Rotweinessig abschmecken.

Für den Tonnato-Espuma die Thunfischsauce mit der flüssigen Sahne verrühren und mit Salz und Rotweinessig abschmecken. 1 EL der Masse erhitzen und die ausgedrückte Gelatine darin auflösen. Die Gelatine unter die Masse rühren. In eine Espumaflasche 2 CO_2-Kapseln einsetzen und die Masse hineinfüllen. Für zwei Stunden kalt stellen.

Für den Salat vom Friseé nur die zarten gelben Blätter verwenden. Vom Rucola die Stiele abschneiden. Die dunkelroten Spitzen vom Lollo Rosso abzupfen, alles waschen und anschließend trocken schleudern und mit dem Dressing marinieren.

Zum Servieren das Fleisch mit der Aufschnittmaschine in dünne Scheiben schneiden und auf einem rechteckigen Teller längs anrichten und mit Olivenöl und Salz marinieren. Den Salat oberhalb des Kalbsfilets anrichten. Mit der Thunfischsauce unterhalb des Kalbfilets eine Linie ziehen. Je einen Punkt Thunfischespuma zwischen die Kalbsfiletscheiben geben und mit einem Kapernapfel garnieren.

Für die Gänsestopfleberterrine die geputzte Gänseleber mit dem Portwein, Armagnac, Sautones, Zucker und Salz vermischen und 24 Stunden kühl lagern. Die marinierte Gänseleber in den Kunstdarm gut hineinpressen und mit einem Bindfaden verschnüren. Die Leber bei 52 °C in einem Dämpfeinsatz pochieren, danach 24 Stunden kühl lagern.

Für die Keniabohnen in Kamillengelee die blanchierten Keniabohnen der Länge nach an der Naht halbieren und die Hälften nebeneinander auf ein gerades Blech legen. Das Wasser mit dem Zucker und Salz aufkochen, dann zur Seite stellen und die Kamillenblüten darin 5 Minuten ziehen lassen. Den Tee durch ein Sieb passieren und die ausgedrückte Gelatine nach und nach unterrühren. Dann erkalten lassen und in das Blech über die Bohnen gießen, sodass diese bedeckt sind. Mindestens 2 Stunden im Kühlschrank ruhen lassen.

Gänseleberparfait mit Fassone und Magatello

Für die Orangenreduktion den gesamten Orangensaft so weit reduzieren, bis er dickflüssig ist. Mit Salz und Quatre Epices würzen, dann kalt stellen.

Für die Trüffelmayonnaise das Eigelb mit dem Balsamico, gut verrühren. Mit einem Pürierstab das Pflanzenöl langsam unterrühren. Die Sahne und die Trüffel mit einem Schneebesen unterheben und mit Salz und Zucker abschmecken.

Für das eingelegte Gemüse Blumenkohl, Karotten, Keniabohnen und Paprika kurz blanchieren. Wasser, Weißwein, Rotweinessig zusammen mit Pfefferkörnern, Lorbeerblättern und Wacholderbeeren sämig reduzieren. Salz und Honig unterrühren. Das blanchierte Gemüse in den kalten Fond einlegen und mindestens 24 Stunden ruhen lassen.

Für das Rindercarpaccio den Rinderrücken mit der Aufschnittmaschine in 4 große dünne Scheiben schneiden und in gleichmäßige Rechtecke portionieren.

Zum Servieren auf rechteckigen Tellern auf die rechte Seite eine Scheibe Rindercarpaccio legen und mit Olivenöl abglänzen. Mit Salz und Pfeffer würzen und um die Ränder die Trüffelmayonnaise ziehen. In die Mitte einen Würfel Keniabohnen-Kamillengelee setzen. Darauf eine Scheibe der Gänsestopfleberterrine geben und mit Orangenreduktion glasieren. Auf die linke Seite etwas von dem marinierten Gemüse anrichten und eine Scheibe Culatello darüberlegen.

Für die Gänsestopfleberterrine

600 g Gänsestopfleber, geputzt

3 EL weißer Portwein

3 EL Armagnac (französischer Weinbrand)

3 EL Sautones

1 TL Zucker

1/2 TL Salz

1 Kunstdarm mit 7 cm Durchmesser

Für die Keniabohnen in Kamillengelee

200 g Keniabohnen, blanchiert

700 ml Wasser

1 EL Zucker

1/2 TL Salz

4 EL Kamillentee aus Kamillenblüten

10 Blatt Gelatine, eingeweicht

Für die Orangenreduktion

2 l Orangensaft

1 Msp. Salz

1 Msp. Quatre Epices (französische Gewürzmischung aus Pfeffer, Muskatnuss, Ingwer und
Gewürznelken)

Für die Trüffelmayonnaise

1 Eigelb

1/2 TL weißer Balsamicoessig

100 ml Pflanzenöl

3 EL Sahne

1 TL Trüffel, gehackt

Salz

Zucker

Für das eingelegte Gemüse

20 g kleine Blumenkohlröschen

20 g kleine Karotten, gewürfelt

20 g Keniabohnen, klein geschnitten

20 g rote und gelbe Paprika, gewürfelt

300 ml Wasser

250 ml Weißwein

100 ml Rotweinessig

10 schwarze Pfefferkörner

2 Lorbeerblätter

3 Wacholderbeeren

4 EL Honig

1/2 TL Salz

4 Scheiben Culatello (italienische Schinken-
spezialität), dünn aufgeschnitten

Für das Rindercarpaccio

250 g Rinderrücken, geputzt und gefroren

1 EL Olivenöl

Salz

Pfeffer

Für das Carpaccio

300 g Rinderfilet, pariert

Olivenöl

Hausdressing (siehe Grundrezept Seite 260)

Fleur de Sel

Menage Noir

Für die Trüffel

50 g schwarze Trüffeln

50 g Pecorino oder Parmesan

30 g Pistazien, grob gehackt

Rindercarpaccio mit schwarzen Trüffeln

Das Rinderfilet in kleine Würfel schneiden. 2 feste Plastikfolien mit Öl bestreichen. Die Würfel nacheinander mit immer größerem Abstand zwischen die Folien legen und mit der glatten Seite des Fleischklopfers so dünn wie möglich klopfen. Die Folie entfernen und die Scheiben mithilfe einer Palette auf einem mit Olivenöl bestrichenen Teller anrichten.

Das Carpaccio mit dem Hausdressing bestreichen und mit Fleur de Sel und Menage Noir würzen.

Den Trüffel und den Käse in Würfel schneiden und mit den Pistazien auf dem Carpaccio verteilen.

»Die Einfachheit geht weiter.«

Am Vortag die Pfefferminzblätter mit 100 Millilitern Olivenöl in einer Schüssel mischen. Die Schüssel mit Folie luftdicht verschließen und die Pfefferminze bis zum nächsten Tag ziehen lassen.

Von den Artischocken harte Blätter und feste Blattspitzen sowie das »Heu« entfernen. Die Artischocken vierteln. Die Schalotte schälen und fein würfeln. Das restliche Öl in einer Pfanne erhitzen und darin die Schalotten anschwitzen. Die Artischocken zugeben und andünsten. Mit Weißwein ablöschen. Einige Minzeblätter hinzufügen und den Fond einkochen lassen. Die Butter einrühren und das Ganze garen, bis die Artischocken weich sind. Mit Salz und Pfeffer abschmecken.

Artischockensalat mit Parmesanhippen

Für die Hippen 2 Esslöffel Parmesan in eine nicht zu stark erhitzte beschichtete Pfanne geben und mit dem Löffelrücken zu einem kleinen Fladen verteilen. Wenn der Käse zerläuft und sich zu verbinden beginnt, den Fladen mit einer Palette oder einem Pfannenheber wenden und zu Hippen knusprig backen. Weiter so verfahren, bis der geriebene Parmesan aufgebraucht ist. Die Hippen sollten auf beiden Seiten goldgelb und knusprig sein.

Zum Servieren die Parmesanhippen auf Tellern anrichten und jeweils einige Artischockenstücke darauflegen. Mit Minzeblättern garnieren und mit Minzeöl aromatisieren.

1 Bund frische Pfefferminze

150 ml Olivenöl

20 Baby-Artischocken

1 Schalotte

50 ml Weißwein

30 g Butter

Salz und Pfeffer

Für die Hippen

200 g geriebener Parmesan

Zum Servieren

frische Minzeblätter

Minzeöl zum Aromatisieren

Was ist
Genuss?

Wir alle erinnern uns noch an unsere Lieblingsspeise als Kind. Als der Duft dieses ganz besonderen Gerichts durch das Haus zog und unsere Erwartung und Ungeduld ins Unermessliche steigerte. Wir, vielleicht am Küchentisch sitzend, unserer Mutter bei der Zubereitung beobachteten, bereit, uns auf das Ergebnis ihres Wirkens zu stürzen. Wie haben wir dieses Essen genossen! Jeder Bissen eine Offenbarung, der Teller hinterher blitzblank geschleckt, das Mahl war kaum beendet, da freuten wir uns schon auf den nächsten Festtag, der uns diese Speise erneut bescheren würde. Und stellt sich nicht bei uns noch heute ein wohliges Gefühl ein, wenn wir uns an diese Genüsse unserer Kindheit erinnern?

Was lässt sich aus diesen frühen Erlebnissen über das Wesen des Genusses ableiten?

Erstens: Genuss ist zunächst einmal unabhängig von der Exklusivität und besonderen Raffinesse der einzelnen Speisen.

Ich möchte hier niemandem zu nahe treten. Jeder weiß, dass meine Mutter für mich die Königin und Drei-Sterne-Köchin meiner Kindheit war. Wer würde nicht Ähnliches über seine eigene Mutter behaupten? Aber seien wir doch ehrlich: Von einigen wenigen Ausnahmen abgesehen, hätten unsere Mütter wohl keine Chancen, in den Guide Michelin aufgenommen zu werden. Und war unser Lieblingsessen nach kulinarischen Kriterien nicht ziemlich einfach? Und dennoch haben wir seither nur wenige Speisen so sehr genossen wie die Nudeln, den Grießbrei oder das Wiener Schnitzel unserer Kindertage.

Im Laufe unseres Lebens bilden wir unseren Geschmack auf mehr oder weniger professionelle Art und Weise immer weiter aus. Wir schärfen kontinuierlich unsere Sinne auf dem Feld unserer Interessen, entwickeln einen Sinn für Details, der Menschen mit anderen Vorlieben unerklärlich bleibt, erschaffen uns unser eigenes Koordinatensystem von »gut« und »schlecht«, »schön« und »hässlich«, »richtig« und »falsch«.

Geschmack ist demnach das Ergebnis eines Lernprozesses, dem ein einzigartiger Vorteil gegenüber allen anderen Bildungsformen innewohnt: Auf jeder Stufe unserer Entwicklung erwartet uns als Belohnung unserer Mühen wahrer Genuss. In eben diesem Umstand lauert allerdings auch eine große Gefahr: Nachdem wir einmal vom Baum der Erkenntnis gekostet haben, ist es schwer, uns den Genuss an einfachen Freuden zu bewahren. Glücklich ist der, dem es gelingt, wahren Genuss in einer Por-

»Die Farbe, die Textur, der Duft, der Geschmack …

… all dies erzählt von dem Sonnenreich, aus dem die Produkte kommen.«

tion Spaghetti aglio e olio zu finden, nachdem er die Freuden einer Rehterrine mit Waldpilzen und schwarzer Trüffelvinaigrette zu schätzen gelernt hat.

Es urteile jeder selbst. Ich behaupte jedenfalls, dass das bloße Gefühl des Genusses, diese vollkommene Empfindung von Befriedigung unserer Bedürfnisse, stets dasselbe bleibt, sei es hervorgerufen durch die raffinierteste aller Speisen oder durch ein einfaches Mahl – wenn man es denn zu spüren vermag.

Dies führt uns zu einer weiteren Erkenntnis über das Wesen des Genusses: Dass Genuss eine ganzheitliche Erfahrung darstellt, die weit über die einfache Befriedigung unserer Bedürfnisse hinausgeht.

Noch einmal zurück zu den Genüssen unserer Kindheit: Steigt uns nicht schon allein bei dem Gedanken an die damals genossenen Speisen ihr Duft wieder in die Nase? Genügt nicht ein einziges Element aus der Vergangenheit, ein Geruch, das Betreten eines Raumes, das Verzehren derselben Speise, um eine vollständige Erinnerung an die konkreten Situationen unserer Kindheit mit all ihren Facetten wieder hervorzurufen?

Und wie viele Essen, die eigentlich unseren Geschmack voll und ganz getroffen haben, sind im Gegensatz dazu seither in Vergessenheit geraten?

Geschmack ist eine notwendige, aber keine hinreichende Bedingung für Genuss. Um Genuss entstehen zu lassen, muss unser Innerstes, unser Herz, unsere Seele oder wo wir auch immer diese magischen Gefühle lokalisieren, berührt werden. Ein Essen, das wir in einer solchen perfekten Situation genießen, wird uns für immer in Erinnerung bleiben.

Oder anders ausgedrückt: Um Genuss empfinden zu können, müssen wir unser Herz öffnen. Und dies macht uns auch die Menschen, die zu wahrem Genuss fähig sind, so sympathisch: Sie lassen es zu, dass Reize ihr Innerstes berühren, sie lassen Empfindungen »an sich heran«. Sie öffnen ihr Herz und teilen ihren Genuss mit ihrer Umgebung. Wahrer Genuss geht so einher mit Lachen, einer gelösten Stimmung und ehrlichen, aufrichtigen Gefühlen.

Das Aufeinandertreffen eines hochgeschulten Gaumens und einer perfekt zubereiteten Speise führt nicht zu wahrem Genuss, wenn nicht das Innerste des Speisenden berührt wird.

Und dies ist der Anspruch, dem ich mit meiner Küche und in meinem Restaurant Acquarello genügen will: Ich strebe danach, Speisen zu bereiten, die den höchsten Erwartungen entsprechen. In einer Atmosphäre, die die Seele meiner Gäste berührt.

Für die Rucolabutter

100 g weiche Butter

4 Bund feiner Rucola

1/2 TL milder Senf

1/2 TL Kräuteressig

Salz und Pfeffer

8 frische Steinpilze

4 EL Olivenöl

Meersalz

Pfeffer aus der Mühle

12 Scheiben Pancetta (gesalzener, luft-

getrockneter durchwachsener Speck)

50 ml Olivenöl

1 große Kartoffel

50 g Butter

Für die Rucolabutter die Butter in einer Schüssel mit dem Schneebesen schaumig schlagen. Die Rucolastiele abschneiden, eine Handvoll schöner Blätter beiseitelegen, den Rest zerkleinern und unter die Butter rühren. Senf und Essig einrühren. Mit Salz und Pfeffer abschmecken. Kalt stellen.

Gegrillte Steinpilze mit Rucolabutter

Den Pancetta im Olivenöl knusprig braten und auf Küchenpapier abtropfen lassen. Die Kartoffel schälen und in kleine Würfel schneiden. Die Butter in einer Pfanne bei geringer Hitze zerlassen und darin die Kartoffelwürfel kross braten.

Die Steinpilze säubern und der Länge nach in Scheiben schneiden. Mit Salz und Pfeffer würzen. Die Pilzscheiben in Olivenöl wenden und auf dem heißen Grill auf beiden Seiten braun braten, sodass sich ein Grillmuster abzeichnet. Die Rucolabutter in einer nicht zu heißen Pfanne auslassen und die gegrillten Pilzscheiben dazugeben. Nach Bedarf noch einmal abschmecken.

Zum Servieren die Steinpilze auf vorgewärmten Tellern anrichten. Die Rucolabutter auf die Pilze verteilen. Mit Pancetta, Kartoffelwürfeln und Rucolablättchen garnieren.

Gegrillte Steinpilze – ein herrliches Herbst-Gericht, voll erdigen Duftes.

Parmesansoufflé mit grünem Spargel und Walnusssauce

Für das Soufflé

50 g Butter

60 g Mehl

200 ml Milch

3 Eigelb

30 g Parmesan

30 g Pecorino

Salz und Pfeffer

1 EL mittelscharfer Senf

4 Eiweiß

Butter zum Fetten der Form

Hartweizengrieß

Für den Spargel

12 Stangen grüner Spargel

Salz

1 Prise Zucker

Für die Nussbutter

30 g Walnüsse

50 g Butter

Die Butter in einem Topf zerlassen und das Mehl hineinsieben. Mit einem Kochlöffel zu einer festen Masse schlagen. Die Milch zugeben und unter ständigem Rühren aufkochen lassen. Den Topf vom Herd nehmen, die Eigelbe und die beiden Käsesorten unterheben. Rühren, bis die Masse vollständig geschmolzen ist. Mit Salz, Pfeffer und Senf abschmecken. Den Topf in Eiswasser stellen und den Souffléteig rühren, bis er kalt ist.

Inzwischen den Backofen auf 180 °C (Gas Stufe 2) vorheizen.

Das Eiweiß steif schlagen, nach und nach unter den Souffleeteig heben. Vier Souffléformen gründlich mit Butter einfetten und mit Grieß ausstreuen.

Den Souffléteig in die Formen füllen und im vorgeheizten Ofen etwa 20 Minuten backen, bis die Souflés schön aufgegangen sind.

Den Spargel schälen, holzige Enden abschneiden und in kochendem Salzwasser, dem etwas Zucker zugefügt wurde, bissfest garen. Herausheben und in einem Sieb abtropfen lassen. Die Spitzen abschneiden und halbieren (den Rest anderweitig verwenden). Für einen Spargelfond die Kochflüssigkeit auf ein Drittel einkochen.

Für die Nussbutter die Walnüsse grob hacken und ohne Fett in einer Pfanne rösten. Die Butter in einem Topf zerlassen, Walnüsse und die halbierten Spargelspitzen zugeben. Mit Salz, Pfeffer und Spargelfond abschmecken.

Zum Servieren die Spargelspitzen auf vorgewärmten Tellern anrichten und mit Walnussbutter überziehen. Die Soufflés jeweils in die Mitte stürzen.

Für das Eiersoufflé

4 Eier

Salz

2 TL schwarze Trüffel, gehackt

1 EL Schnittlauch, gehackt

Saft von 1 Zitrone

Pfeffer

1 schwarze Trüffel, in dünne Scheiben geschnitten

Für die Petersiliensauce

1 Schalotte

50 g Butter

100 ml Geflügelbrühe

1 Bund Petersilie

200 ml Sahne

Salz

Pfeffer

Eiersoufflé mit schwarzer Trüffel und Petersiliensauce

Für das Soufflé die Eier trennen und die Eigelbe einzeln beiseitestellen. Mit einem Handrührgerät die Eiweiß mit dem Salz steif schlagen. Mit gehackter Trüffel, Schnittlauch, Zitronensaft und Pfeffer würzen.

Metallringe mit einem Durchmesser von 5 bis 6 cm mit dem steif geschlagenen Eiweiß füllen und in der Mitte eine Mulde lassen.

Je 1 Eigelb in die Mulde geben und vorsichtig mit dem restlichen Eiweiß bedecken.

Im Ofen bei 80 °C etwas 4 Minunten backen.

Die Soufflés aus dem Ofen nehmen und 1 Minute auskühlen lassen. Aus den Ringen lösen und mit Trüffelscheiben belegen.

Für die Petersiliensauce die Schalotte in kleine Würfel schneiden und in der Butter anschwitzen. Mit Geflügelfond ablöschen und die Petersilie dazugeben. Mit der Sahne aufgießen und um die Hälfte reduzieren. Mit einem Pürierstab mixen und durch ein feines Sieb passieren. Mit Salz und Pfeffer abschmecken.

Zum Servieren die Petersiliensauce mittig auf den Teller geben und je ein Soufflé daraufsetzen. Zügig servieren, da sonst das Soufflé zusammenfällt.

Für die Marinade das Olivenöl mit Thymian, Rosmarin und Knoblauch verrühren. Mit Salz und Pfefferwürzen.

Für die Auberginencreme die Aubergine halbieren und das Fruchtfleisch einschneiden. Mit Salz und Pfeffer würzen sowie mit Zitronensaft und Olivenöl beträufeln. Die Auberginenhälften zusammen mit Rosmarin und Knoblauch locker in Alufolie einwickeln und im vorgeheizten Backofen bei 180 °C etwa 20 Minuten garen.

Das Fruchtfleisch mit einem Löffel herauslösen und im Mixer fein pürieren. Anschließend kalt stellen.

Gemüsecrostino mit gebratener Gamba und Salatbouquet

Für das Crustinobrot die Paprika schälen, vierteln und das Kerngehäuse entfernen. Die Paprika in die Marinade geben. Die Aubergine und die Zucchini in etwa 4 mm dicke Scheiben schneiden und ebenfalls in die Marinade geben. Das Gemüse in einer Grillpfanne von einer Seite grillen. Dann wieder 2 Stunden in der Marinade ziehen lassen. Das Vollkornbrot in dünne Scheiben schneiden, mit Olivenöl bestreichen und von beiden Seiten grillen.

Das Brot mit der Auberginencreme bestreichen und mit dem marinierten Gemüse belegen. Für etwa 2 Minuten bei 180 °C in den Ofen schieben. In der Zwischenzeit die Gambas mit Salz und Pfeffer würzen und in Olivenöl anbraten.

Zum Servieren die Sprossen mit dem Hausdressing marinieren und auf den Teller geben. An die Seite die Gamba und das Brot legen. Mit Paprikasauce garnieren.

Für die Marinade

300 ml Olivenöl

1 Thymianzweig

1 Rosmarinzweig

1 Knoblauchzehe

Salz

Pfeffer

Für die Auberginencreme

1 große Aubergine

Salz

Pfeffer

Zitronensaft

Olivenöl

1 Rosmarinzweig

1 Knoblauchzehe

Für das Crustinobrot

2 rote und 2 gelbe Paprika

1 Aubergine

1 Zucchini

1/2 Vollkornbrot

4 Gambas

Salz

Pfeffer

Olivenöl zum Braten

Zum Servieren

200 g gemischte Sprossen

50 ml Hausdressing

(siehe Grundrezept Seite 260)

50 ml Paprikasauce (siehe Rezept »Marinierte

Sardellenfilets auf gelber Paprikasauce«,

Seite 14, mit roter Paprika)

200 g Zuckererbsen

10 frische Minzeblätter

500 ml Geflügelbrühe

50 ml Sahne

30 g Butter

Salz und Pfeffer

Erbsen-Minze-Suppe

Die ausgelösten Erbsen und die Minzeblätter in die Brühe geben und 8 Minuten wallend kochen lassen. Die Flüssigkeit mit einem Mixstab fein pürieren und durch ein feines Sieb passieren. Die Suppe in einem Topf geben und noch heiß schlagen. Die Sahne und die Butter einrühren, dabei nicht mehr kochen. Mit Salz und Pfeffer abschmecken.

Zum Servieren die Suppe mit einem Mixstab aufschäumen und in vorgewärmte Teller geben.

Leicht.

Leicht.

Leicht.

Meine Italianità

Ich bin Italiener. Was bedeutet mir das?

Italien hat viele Seelen, wie auch in der Brust jedes Italieners viele Seelen wohnen – seit jeher gehen wir Italiener auf Entdeckungsfahrt, auf große Reise. Ob aus Abenteuerlust oder aus Notwendigkeit, schon immer haben wir unserem Land Addio gesagt. Zugleich sind wir Italiener sehr heimat-, familien-, traditionsverbunden, wir sind ja ein Volk von mammoni. Wie passt das alles nun zusammen?

Ich glaube, dass wir schon als Kinder zum Begehren erzogen und ermuntert werden; wir lernen sehr früh, wie man richtig genießt. Wir fangen sehr früh an, unsere Sinne zu verfeinern – und zwar alle. Wir fangen sehr früh an, zu begehren, was wir nicht haben. Wir fangen sehr früh an, damit zu spielen – und Genuss aus Genuss entstehen zu lassen …

Ich bin schon immer auf Reisen gegangen – als Kind in meiner Fantasie, als Erwachsener dann in Wirklichkeit. Es ist mir erst später richtig bewusst geworden – aber auf meinen Reisen, in fremder Umgebung und fernen Ländern, in der Begegnung mit anderen Kulturen, bin ich meinen Wurzeln jedes Mal ein Stückchen näher gekommen. Und Wurzeln sind für mich nichts Vorgegebenes, nichts, was mir vorgeschrieben wird, sondern immer nur das, was ich daraus mache.

Ähnlich wie ein Baum, der emporwächst und dabei mit seinen Wurzeln immer tiefer in die Erde dringt, entwickle ich mich allmählich zu dem, was ich immer schon in mir getragen habe …

Meine Italianità ist zugleich meine Leggerezza – die Leichtigkeit, die Fähigkeit, das Leben nicht allzu ernst zu nehmen, noch nicht einmal den Erfolg, den Ruhm und das Lob der anderen. Auch in meiner Küche ist Leichtigkeit oberstes Gebot – und auch das ohne allzu großen Ernst! Nun ja, weil sonst eben auch die Leichtigkeit schwer werden kann. Ich lasse die Produkte so, wie sie sind, den Geschmack so, wie er ist. Es ist alles schon da, sie sind alle schon vorhanden, diese fantastischen Gaben der Natur! Und es macht mir große Freude, diesen Schätzen ihre wahre Essenz zu entlocken.

Meine Italianità ist auch die Emotionalität, die man zwar auf dem Teller nicht sieht, aber im Geschmackserlebnis nachempfindet.

Und so ist das mit meiner Küche – es ist eine italienische Küche, die mehr als nur »italienisch« ist! Wenn man an die Wurzeln der Italianità geht, entdeckt man il Mediterraneo – das ewige Mittelmeer.

»Der Erfolg ist nichts als die Energie des eigenen Wissens, Glaubens und der eigenen Begeisterungsfähigkeit – das hat mit Genialität nichts zu tun ...«

Für die Füllung

200 g getrocknete Feigen

50 g Ricotta

1 TL Cassis-Likör

Salz

Pfeffer aus der Mühle

Für die Tortelli

300 g Pastateig

(siehe Grundrezept Seite 250)

Mehl

1 Ei

Salz

Für die Cassisbutter

150 ml Rotwein

100 ml Cassislikör

50 ml roter Portwein

1 EL Schalottenwürfel

10 weiße Pfefferkörner

50 g Butter

Für die Gänsestopfleber

150 g Gänsestopfleber

Mehl

Salz

Himbeeressig

Zum Servieren

100 ml heißer Butterfond

(siehe Grundrezept Seite 257)

200 ml heiße Weißweinsauce

(siehe Grundrezept Seite 259)

frischer Kerbel

Für die Füllung die Feigen entstielen, fein schneiden und mit Ricotta mischen. Mit Cassislikör, Salz und Pfeffer würzen. Beiseitestellen.

Für die Tortelli mit der Nudelmaschine hauchdünne Teigbahnen (weniger als 1 mm dick) rollen. Die Teigplatten auf eine bemehlte Arbeitsfläche legen und runde Teigblätter mit einem Durchmesser von etwa 6 cm ausstechen. Das Ei verquirlen. Jeweils die eine Hälfte eines jeden ausgestochenen Teigblattes mit dem Ei bestreichen. Die Füllung in einen Spritzbeutel geben und in kleinen Nocken auf die bestrichenen Teigblatthälften spritzen. Jeweils die leere Teigblatthälfte über die Füllung klappen und Tortelli formen.

Für die Cassisbutter Rotwein, Cassislikör, Portwein, Schalottenwürfel und Pfefferkörner in einen Topf geben und auf ein Drittel einkochen lassen. Die Butter würfeln und mit dem Schneebesen Stück um Stück unter die warme Mischung geben. Warm halten.

Die Gänseleber klein schneiden, in Mehl wenden und – ohne Fett – in einer heißen Pfanne goldbraun braten. Salzen und mit Himbeeressig aromatisieren. Warm stellen.

Die Tortelli in reichlich Salzwasser etwa 2 Minuten al dente garen. Herausheben und in einem Sieb abtropfen lassen.

Zum Servieren die Tortelli in dem Butterfond schwenken und auf vorgewärmten Tellern anrichten. Weißweinsauce dazugeben und die Cassisbutter über die Pasta ziehen. Die Gänsestopfleber auf die Pasta setzen und das Ganze mit Kerbel garnieren.

Feigentortelli mit Cassisbutter und gebratener Gänsestopfleber

Für die Tortellini

200 g Pastateig
(siehe Grundrezept Seite 250)
Mehl
1 Ei
Salz

Für den Schaum

1 mittelscharfer Peperoncino
(italienische Chili-Sorte)
1 Zitrone
200 ml Weißweinsauce
(siehe Grundrezept Seite 259)
50 g Butter

Zum Servieren

4 Gambas
2 TL Olivenöl
100 g frische Erbsen
2 TL Butter

Für die Füllung

1 Schalotte
20 g Butter
200 g frische Erbsen
100 ml Geflügelfond
(siehe Grundrezept Seite 252)
60 g Ricotta
Salz
Weißer Pfeffer

Die Schalotte schälen und fein würfeln. Die Butter in einem Topf zerlassen und darin die Schalottenwürfel anschwitzen. Die Erbsen unterrühren. Den Geflügelfond zugießen und weitgehend einkochen lassen. Den Inhalt des Topfes im Mixer pürieren und mit Ricotta vermengen. Mit Salz und Pfeffer abschmecken.

Für die Tortellini mit der Nudelmaschine hauchdünne Teigbahnen (weniger als 1 mm dick) rollen. Die Teigplatten auf eine bemehlte Arbeitsfläche legen und runde Teigblätter mit einem Durchmesser von etwa 6 cm ausstechen. Das Ei verquirlen. Jeweils die eine Hälfte eines jeden ausgestochenen Teigblattes mit dem Ei bestreichen. Die Füllung in einen Spritzbeutel geben und in kleinen Nocken auf die bestrichenen Teigblatthälften spritzen. Jeweils die leere Teigblatthälfte über die Füllung klappen und Tortellini formen.

Für den Schaum den Peperoncino sehr fein zerkleinern. Von der Zitrone drei Zesten abziehen. Die Butter in einem Topf zerlassen und darin die Peperoncinostückchen und die Zesten schwenken. Die Weißweinsauce zugeben und das Ganze mit der restlichen Butter schaumig rühren. Warm halten.

Erbsentortellini mit gebratenen Gambas auf Zitronen-Peperoncini-Schaum

Die Gambas bis auf den Schwanz aus der Schale brechen und jeweils den Darm entfernen. Öl in einer kleinen Pfanne erhitzen und darin die Gambas leicht kross braten.

Die Erbsen blanchieren. In einem kleinen Topf die Butter zerlassen und darin die Erben schwenken, bis sie warm sind.

Die Tortellini in reichlich Salzwasser etwa 2 Minuten al dente garen. Herausheben und in einem Sieb abtropfen lassen.

Zum Servieren die Tortellini auf vorgewärmten Tellern anrichten. Den Zitronen-Peperoncini-Schaum darüber ziehen, jeweils eine Gamba dazugeben und mit den Erbsen garnieren.

Spaghetti mit Sardellen-Kapern-Sauce

40 g Sardellen

50 g Kapern

8 kandierte Tomatenfilets (siehe

Grundrezept Seite 261)

1 Schalotte

80 ml Gemüsefond

2–3 EL Olivenöl

20 g Butter

2 EL in Streifen geschnittene zarte Blätter

von Staudensellerie

400 g Spaghetti

Salz und Pfeffer

Zum Garnieren

12 frittierte Sardellenfilets

Blätter von Staudensellerie

Für die Sauce Sardellen, Kapern und Tomatenfilets grob zerkleinern. Die Schalotte schälen und fein würfeln. Das Öl in einer Pfanne erhitzen und darin Sardellen, Kapern und Schalotten anschwitzen. Mit dem Gemüsefond ablöschen. Tomaten, Butter und Selleriegrün einrühren. Warm halten.

Die Spaghetti in reichlich kochendem Salzwasser al dente garen und abgießen. In der Sauce schwenken und mit Salz und Pfeffer abschmecken.

Zum Servieren die Spaghetti mithilfe einer Fleischgabel zu Nestern aufrollen und auf vorgewärmte Teller geben. Mit Sauce beträufeln. Mit den Sardellenfilets und den Sellerieblättern garnieren.

Ein Gericht für jedermann – alle können es zubereiten, und alle können es sich leisten. Ein Spaghetto verläuft exakt von Nord nach Süd – und vereint uns alle!

Den Spargel schälen, die Spitzen abschneiden und bissfest kochen, abgießen und beiseitestellen. Die Spargelstangen in Scheiben schneiden und weich kochen. Abgießen, die Hälfte davon kurz beiseitestellen.

Für die Füllung die zweite Hälfte der Spargelscheiben gut abgetropft mit dem Ricotta verkneten. Die Butter in einer kleinen Pfanne braun werden lassen und unter die Füllung mischen.

Für die Creme die restlichen Spargelscheiben mit der Geflügelbrühe im Mixer pürieren, dann durch ein feines Sieb passieren. Nach Belieben mit Salz und Pfeffer abschmecken. Warm halten.

Für das Kartoffelstroh die Kartoffeln schälen und in sehr feine Streifen schneiden. Mit kaltem Wasser abwaschen und mithilfe von Küchenpapier oder einem Küchentuch gut trocknen. Die Kartoffelstreifen goldbraun frittieren.

Für die Ravioli mit der Nudelmaschine aus dem Pastateig hauchdünne Bahnen (weniger als 1 mm dick) rollen und auf der bemehlten Arbeitsfläche auslegen. Das Eigelb verquirlen und die Hälfte der Teigplatten damit bestreichen. Die Füllung in einen Spritzsack geben und haselnussgroße Nocken im Abstand von 4 cm auf den mit Ei versehenen Teig setzen. Das Ganze mit einer zweiten Teigplatte abdecken. Den Teig rund um die Füllung fest andrücken (aufpassen, dass der Teig nicht reißt). Mit einem Förmchen die Ravioli ausstechen.

Die Ravioli in reichlich siedendem Salzwasser etwa 4 Minuten al dente garen. Vorsichtig in ein Sieb legen und kurz abtropfen lassen und in dem heißen Butterfond schwenken.

Zum Servieren die Spargelcreme als Spiegel auf vorgewärmte Teller geben und die Ravioli darauf verteilen. Mit Spargelspitzen und Kartoffelstroh garnieren.

Dieses Gericht verströmt Sinnlichkeit –
wie ein Spaziergang in einem blühenden Garten im Frühling,
wie ein Zwiegespräch mit der Natur,
die sich gerade verwandelt.

Für die Füllung und die Creme

500 g grüner Spargel

80 g Ricotta

20 g Butter

Salz und Pfeffer

125 ml heiße Geflügelbrühe

(siehe Grundrezept Seite 252)

Für die Ravioli

250 g Pastateig

(siehe Grundrezept Seite 250)

1 Ei

Salz

100 ml heißer Butterfond

(siehe Grundrezept Seite 257)

Für das Kartoffelstroh

2 Kartoffeln

Frittierfett

Ravioli von grünen Spargeln auf Spargelcreme mit Kartoffelstroh

Rote-Bete-Ravioli
mit Mohnbutter

Für die Füllung

2 Knollen frische Rote Bete

250 g Ricotta

Salz

Pfeffer aus der Mühle

Für die Ravioli

250 g Pastateig (siehe Grundrezept Seite 250)

Mehl

1 Ei

Salz

Für die Mohnbutter

20 g Mohn

50 g Butter

20 ml Gemüsefond

Für den Rote-Bete-Schaum

150 ml Weißweinsauce (siehe Grundrezept Seite 259)

50 g kalte Butter

Zum Servieren

150 ml heiße Weißweinsauce
(siehe Grundrezept Seite 259)

Für die Füllung die Rote Bete sehr weich garen, kalt abschrecken, schälen und pürieren. (Einmal-Handschuhe anziehen – dieses Gemüse verfärbt die Finger!) Das Püree in ein Tuch geben und auspressen. Den Saft auffangen. 100 g Püree mit dem Ricotta vermengen. Mit Salz und Pfeffer abschmecken. Kurz beiseitestellen.

Für die Ravioli mit der Nudelmaschine aus dem Pastateig hauchdünne Bahnen (weniger als 1 mm dick) rollen und auf der bemehlten Arbeitsfläche auslegen. Das Eigelb verquirlen und die Hälfte der Teigplatten damit bestreichen. Die Füllung in einen Spritzsack geben und haselnussgroße Nocken im Abstand von 4 cm auf den mit Ei versehenen Teig setzen. Das Ganze mit einer zweiten Teigplatte abdecken. Den Teig rund um die Füllung fest andrücken (aufpassen, dass der Teig nicht reißt). Mit einem Förmchen die Ravioli ausstechen.

Für die Mohnbutter in einem kleinen Topf den Mohn ohne Fett unter Rühren kurz rösten. Die Butter und den Gemüsefond einrühren und köcheln lassen, bis die Masse cremig ist.

Die Weißweinsauce erhitzen und mit dem Rote-Bete-Saft aromatisieren und färben. Mit etwas kalter Butter aufschäumen.

Die Ravioli in reichlich siedendem Salzwasser etwa 2 Minuten al dente garen. Vorsichtig in ein Sieb legen und kurz abtropfen lassen.

Zum Servieren die Ravioli auf vorgewärmten Tellern anrichten. Die Mohnbutter darübergeben. Mit der Weißweinsauce und dem Rote-Bete-Schaum garnieren.

Für die Füllung

30 g Walnüsse

120 g Mascarpone

1 EL Milch

Salz

weißer Pfeffer

Für die Ravioli

250 g Pastateig (siehe Grundrezept Seite 250)

Mehl

1 Eigelb

Salz

Für die Sauce

200 ml Geflügelbrühe

(siehe Grundrezept Seite 252)

100 g Butter

Zum Servieren

1 Radicchio

100 g frisch geriebener Parmesan

Walnussravioli

Für die Füllung die Walnüsse grob hacken und mit dem Mascarpone und der Milch zu einer glatten Masse rühren. Mit Salz und Pfeffer abschmecken. Kurz beiseitestellen.

Den Radicchio putzen und den Strunk herausschneiden. Den Kopf mit einem scharfen Messer in feine Streifen schneiden. Beiseitelegen.

Für die Ravioli mit der Nudelmaschine aus dem Pastateig hauchdünne Bahnen (weniger als 1 mm dick) rollen und auf der bemehlten Arbeitsfläche auslegen. Das Eigelb verquirlen und die Hälfte der Teigplatten damit bestreichen. Die Füllung in einen Spritzsack geben und haselnussgroße Nocken im Abstand von 4 cm auf den mit Ei versehenen Teig setzen. Das Ganze mit einer zweiten Teigplatte abdecken. Den Teig rund um die Füllung fest andrücken (aufpassen, dass der Teig nicht reißt). Mit einem Förmchen die Ravioli ausstechen.

Für die Sauce die Geflügelbrühe und die Butter unter ständigem Rühren zu einer sämigen Sauce einkochen. Warm halten.

Die Ravioli in reichlich siedendem Salzwasser etwa 2 Minuten al dente garen. Vorsichtig in ein Sieb legen und kurz abtropfen lassen.

Zum Servieren aus den Radicchiostreifen in der Mitte der vorgewärmten Teller kleine Nester bilden. Die Ravioli rund um die Radicchionester anrichten und mit der Sauce beträufeln. Das Ganze mit Parmesan bestreuen.

Zitronenravioli mit
Lammbries

200 g Lammbries, gründlich gewässert

Mehl

10 g Butter

1 EL Olivenöl

Salz und Pfeffer

100 ml brauner Lammfond

(siehe Grundrezept Seite 255)

Für die Ravioli

Saft und Schale von 2 Zitronen

150 g Ricotta

Salz und Pfeffer

200 g Pastateig (siehe Grundrezept Seite 250)

Mehl

1 Ei

Salz

Für die Sauce

150 ml Geflügelfond (siehe Grund-

rezept Seite 252)

50 g Butter

Zum Garnieren

frischer Kerbel

Das Lammbries zum Abtropfen auf ein Tuch legen und von allen Häuten, Äderchen, Blutgerinnseln und fetten Teilen befreien. Das Bries in etwa 2 cm dicke Scheiben schneiden. Beiseite legen.

Für die Raviolifüllung die Schale der Zitrone in Zesten abziehen und sehr fein hacken. Die Frucht auspressen. Den Ricotta mit dem Zitronensaft glatt rühren und die Zestenstückchen hinzufügen. Mit Salz und Pfeffer abschmecken.

Für die Ravioli mit der Nudelmaschine aus dem Pastateig hauchdünne Bahnen (weniger als 1 mm dick) rollen und auf der bemehlten Arbeitsfläche auslegen. Das Eigelb verquirlen und die Hälfte der Teigplatten damit bestreichen. Die Füllung in einen Spritzsack geben und haselnussgroße Nocken im Abstand von 4 cm auf den mit Ei versehenen Teig setzen. Das Ganze mit einer zweiten Teigplatte abdecken. Den Teig rund um die Füllung fest andrücken (aufpassen, dass der Teig nicht reißt). Mit einem Förmchen die Ravioli ausstechen.

Die Geflügelbrühe mit der Butter unter ständigem Rühren zu einer sämigen Sauce einkochen.

In einer Pfanne Olivenöl und Butter aufschäumen lassen. Das Bries leicht mit Mehl bestäuben und von beiden Seiten anbraten. Salzen und pfeffern. Den Lammfond zugießen und etwas einkochen lassen.

Die Ravioli in reichlich siedendem Wasser etwa 2 Minuten al dente garen. Zum Abtropfen vorsichtig auf ein Sieb geben, dann in der Sauce schwenken.

Zum Servieren die Ravioli auf vorgewärmten Tellern anrichten. Die Lammbriesscheiben zugeben und mit Sauce glasieren. Mit Kerbelspitzen garnieren.

Für die Füllung die Tomatenscheiben fein zerkleinern und mit dem Ricotta vermengen. Mit Salz und Pfeffer würzen.

Für die Creme den Pesto erwärmen und die Crème fraîche unterrühren.

Für den Schaum den Tomatenfond auf die Hälfte einkochen lassen. Die Sahne einrühren. Mit Salz und Pfeffer abschmecken. Mit der Butter schaumig aufschlagen. Warm halten.

Für die Panzerotti mit der Nudelmaschine hauchdünne Teigbahnen rollen. Die Teigblätter auf eine bemehlte Arbeitsfläche legen. Das Eigelb leicht verquirlen. Die Hälfte der Teigblätter mit dem Ei bestreichen und jeweils einen Teelöffel Füllung in einem Abstand von 5 cm daraufsetzen. Mit den leeren Teigblättern abdecken. Rund um die Füllung den Teig fest andrücken (aufpassen, dass der Teig nicht reißt). Die Panzerotti rund ausstechen und in reichlich Salzwasser 2 Minuten al dente garen. Vorsichtig in ein großes Sieb legen und abtropfen lassen.

Die Panzerotti auf vorgewärmten Tellern anrichten. Etwas Pestocreme hinzufügen und Tomatenschaum auf die Pasta geben. Mit Tomatenfilets, Pinienkernen und Basilikum garnieren.

Dieses wundervolle Tomatenaroma!
Der Geschmack, der den Sommer ankündigt –
die Erde, das Meer, die Sonne. Heute muss man sie suchen,
die Tomaten, die noch nach Tomaten schmecken –
ein Geschmack, den wir fast vergessen haben!

Tomatenpanzerotti mit Pestocreme und weißem Tomatenschaum

Für die Füllung

100 g getrocknete Tomatenscheiben (siehe Grundrezept Seite 260)

100 g Ricotta

Salz und Pfeffer

Für die Pestocreme

100 ml Pesto (siehe Grundrezept Seite 258)

50 g Crème fraîche

Für den Tomatenschaum

200 ml Tomatenfond (siehe Grundrezept Seite 258)

100 ml Sahne

Salz

Pfeffer aus der Mühle

30 g Butter

Für die Panzerotti

250 g Pastateig (siehe Grundrezept Seite 250)

Mehl für die Arbeitsfläche

1 Eigelb

Salz

Zum Garnieren

12 kandierte Tomatenfilets (siehe Grundrezept Seite 261)

20 g geröstete Pinienkerne

frisches Basilikum

Für die Panzerotti mit der Nudelmaschine hauchdünne Teigbahnen rollen. Die Teigblätter auf eine bemehlte Arbeitsfläche legen. Das Eigelb leicht verquirlen. Die Hälfte der Teigblätter mit dem Ei bestreichen und jeweils einen Teelöffel Füllung in einem Abstand von 5 cm daraufsetzen. Mit den leeren Teigblättern abdecken. Rund um die Füllung den Teig fest andrücken (aufpassen, dass der Teig nicht reißt). Die Panzerotti rund ausstechen und in reichlich kochendem Salzwasser 2 Minuten garen. Vorsichtig in ein Sieb legen und abtropfen lassen.

Für den Rucolaschaum die Rucolablätter waschen und klein schneiden. Die Butter in einem kleinen Topf zerlassen und darin den Rucola anschwitzen. Die Weißweinsauce unterrühren und etwas reduzieren. Das Ganze in den Mixer geben und sehr fein sowie schaumig pürieren. Mit Salz und Pfeffer abschmecken. Beiseitestellen.

Panzerotti mit Taleggio auf Rucolaschaum

Für die Rucolabutter die Rucolablätter sehr fein schneiden. Die Butter in einem kleinen Topf zerlassen und darin den Rucola schwenken.

Für die Füllung die gewaschenen Kartoffeln in Salzwasser garen, noch warm schälen und durch eine Kartoffelpresse drücken. Sahne und Ricotta unterrühren. Mit Salz und Pfeffer würzen. Abkühlen lassen. Den Taleggio in kleine Würfel schneiden und unter die Füllung heben.

Zum Servieren Panzerotti auf vorgewärmten Tellern anrichten und den Rucolaschaum sowie die Rucolabutter dekorativ darauf verteilen.

Für die Panzerotti

250 g Pastateig (siehe Grundrezept Seite 250)

Mehl für die Arbeitsfläche

1 Eigelb

Salz

Für den Rucolaschaum

1 Bund Rucola

50 g Butter

200 ml Weißweinsauce (siehe Grund-

rezept Seite 259)

Salz

Pfeffer aus der Mühle

Für die Rucolabutter

1 Bund Rucola

50 g Butter

Für die Füllung

2 mittelgroße Kartoffeln

2 EL Sahne

1 EL Ricotta

Salz

Pfeffer aus der Mühle

50 g Taleggio (italienischer Weichkäse

aus der Lombardei)

Für die Gnocchi

500 g Kürbisfruchtfleisch, entkernt

300 g im Ofen gegarte Kartoffeln

1 Ei

1 Eigelb

40 g Butter, zerlassen

20 g Parmesan

120 g Mehl

Salz

Pfeffer aus der Mühle

Für den Mandelbutterfond

50 g Butter

40 g geröstete Mandeln

40 ml Kürbisfond (Kochsud des Kürbis-
fruchtfleisches)

Dies ist ein wahrhaftiges Zen-Gericht –
mit der erhabenen Balance des Geschmacks.

Kürbisgnocchi mit Mandelbutterfond

Für die Gnocchi das Kürbisfruchtfleisch weich garen und abgießen; den Kochsud dabei auffangen und beiseitestellen. Das Fruchtfleisch im Mixer pürieren und das Püree in einem Tuch auspressen. Die Kartoffeln durch eine Kartoffelpresse drücken. Kürbis- und Kartoffelpüree mischen und die restlichen Zutaten nach und nach einarbeiten, bis ein fester Teig entstanden ist. Den Teig in etwa 2 cm dünne Rollen formen und diese in 2 cm lange Gnocchi schneiden.

Die Gnocchi in reichlich kochendem Salzwasser etwa 5 Minuten garen. Mit dem Schaumlöffel herausheben, in ein Sieb geben und gut abtropfen lassen.

Für den Mandelbutterfond alle Zutaten in einen Topf geben und unter Rühren verkochen, bis ein cremiger Fond entstanden ist. Die Gnocchi darin schwenken.

Zum Servieren die Gnocchi auf vorgewärmten Tellern dekorativ anrichten und mit dem Mandelbutterfond glasieren.

Für die grünen Gnocchi den Spinat waschen, sehr nass in einen Topf geben und mit wenig zusätzlichem Wasser weich garen. Abgießen und kalt abschrecken. Den Spinat im Mixer pürieren. Das Püree in ein Tuch geben und auspressen. Die Kartoffeln durch eine Kartoffelpresse drücken. Spinat- und Kartoffelpüree mit den restlichen Zutaten zu einem glatten Teig kneten. Mit Salz und Pfeffer abschmecken.

Dreierlei Gnocchi

Für die roten und weißen Gnocchi die Kartoffeln (jeweils getrennt) durch die Kartoffelpresse drücken und mit den jeweiligen Zutaten ebenfalls zu einem glatten Teig verarbeiten.

Aus den drei Gnocchiteigen etwa 1 cm dicke und etwa 2 cm lange Röllchen formen. Die Gnocchi in reichlich leicht gesalzenem Wasser garen. Herausnehmen und abtropfen lassen.

Zum Servieren den Gemüsefond mit der Butter aufkochen und darin die Gnocchi schwenken. Die Gnocchi auf einem vorgewärmten Teller anrichten und mit Parmesan bestreuen. Nach Belieben etwas von der Gemüsefond-Butter-Mischung rund um die Gnocchi träufeln.

Gnocchi – eine Pastavariante, wie gemacht, um den Gaumen zu streicheln: rund, sinnlich und voll.

Für die grünen Gnocchi

250 g frischer Blattspinat

280 g im Ofen gegarte Kartoffeln

150 g Mehl

1 Ei

1 Eigelb

40 g Butter

30 g geriebener Parmesan

Salz

Pfeffer aus der Mühle

Für die roten Gnocchi

300 g im Ofen gegarte Kartoffeln

100 g Tomatenmark

140 g Mehl

1 Ei

1 Eigelb

30 g Butter

30 g geriebener Parmesan

Für die weißen Gnocchi

300 g im Ofen gegarte Kartoffeln

100 g Mehl

1 Ei

1 Eigelb

40 g Butter

20 g geriebener Parmesan

Zum Servieren

50 ml Gemüsefond

50 g Butter

etwas geriebener Parmesan

Picage alle Erbe

400 g Pastateig (siehe Grundrezept Seite 250)
frische Kräuter (je 1 kleine Handvoll Salbei,
Kerbel, Thymian, Petersilie und Estragon)
Salz

Zum Garnieren
50 g Pinienkerne
20 g geriebener Parmesan

Von allen Kräutern die Blätter abzupfen (Stängel nicht verwenden). Die Kräuterblätter zwischen zwei Lagen Frischhaltefolie legen und fest mit der Teigrolle darüberrollen, um die Blattstruktur zu brechen.

Den Teig mit der Nudelmaschine hauchdünn ausrollen. Die Hälfte der Teigplatten mit den Kräutern belegen und mit der anderen Hälfte der Teigblätter abdecken. Die beiden Teigschichten nochmals dünn ausrollen und in etwa 1 cm breite, möglichst lange Nudeln schneiden. Die Pasta in reichlich Salzwasser al dente kochen.

Zum Servieren die Pasta auf vorgewärmten Tellern anrichten. Mit Pinienkernen und Parmesan bestreuen.

Diese Picage ist wahre EAT ART, Ess-Kunst – subtile Körperlichkeit auf dem Teller. Die Zutaten bleiben unversehrt, behalten ihre Form und ihre Struktur – ohne zerkleinert zu werden. Man erkennt die einzelnen Kräuterblätter wieder – ähnlich wie die Komponenten in einem Gemälde von Modigliani.

»Essen ist Vertrauenssache – das ist genauso wie in der Liebe!«

Für den Pastateig aus Mehl, Grieß und Wasser einen festen Teig kneten. 2 bis 3 Stunden ruhen lassen.

Für die Sauce die Tomate blanchieren, schälen und würfeln. Den Kalbsfond mit den Tomatenwürfeln in einem Topf erhitzen. Die Butter in Flocken unter ständigem Rühren hinzufügen, bis eine cremige Sauce entstanden ist.

Trofie mit Pesto

Den Teig mit der Nudelmaschine in hauchdünnen (etwa 1 mm dick) Bahnen ausrollen und in 1,5 cm breite Streifen schneiden. Die Teigstreifen per Hand so eindrehen, dass sie zu Spiralen werden; diese dann in 3 bis 4 cm lange Stücke schneiden. Die Trofie in reichlich Salzwasser etwa 10 Minuten al dente garen. Vorsichtig abgießen, abtropfen lassen und in der Sauce schwenken.

Zum Servieren die Trofie auf vorgewärmten Tellern anrichten und den Pesto darübergeben. Mit Parmesan bestreuen und mit Basilikum garnieren.

Profumo: Diese Trofie mit Pesto sind ein olfaktorisches Gedicht … Man riecht den Duft des Basilikums, der zerstoßenen Pinienkerne, des milden Olivenöls aus Ligurien. Mein persönlicher Touch: Ich ersetze den Knoblauch durch Ziegenkäse, dann wird der Pesto noch leichter.

Für den Pastateig

200 g Mehl

50 Hartweizengrieß

75 ml Wasser

Für Pesto und Sauce

200 g Pesto (siehe Grundrezept Seite 258)

1 Tomate

150 g Kalbsfond (siehe Grundrezept Seite 253)

100 g Butter

Salz

Pfeffer aus der Mühle

Zum Garnieren

50 g frisch geriebener Parmesan

12 kleine Basilikumblätter

Für die Füllung

1 rote Paprikaschote
2 Lauchzwiebeln
200 g Spargel
200 g frische Saubohnenkerne
8 Kirschtomaten
Salz
2 Zucchiniblüten
Frittierfett

Für die Pasta

200 g Pastateig
(siehe Grundrezept Seite 250)
1 Ei
4 dekorative Petersilienblätter

Für den Paprikaschaum

1 Schalotte
1 rote Paprikaschote
2 EL Olivenöl
100 ml Sahne
100 ml Gemüsebrühe
50 ml Weißwein
Salz
Pfeffer aus der Mühle
50 g Butter

Zum Servieren

50 ml Gemüsefond
50 g Butter
Salz
Pfeffer aus der Mühle
frisches Basilikum

Das Gemüse putzen; die entkernte Paprikaschote klein würfeln, die Lauchzwiebel in feine Ringe, den Spargel in feine Scheiben schneiden und die Kirschtomaten vierteln. Alles zusammen mit den Saubohnen in kochendem Salzwasser blanchieren. Die Zucchiniblüten halbieren und frittieren. Beiseitestellen.

Für die Sauce die Schalotte schälen und in feine Würfel schneiden. Die Paprikaschote entkernen und ebenfalls würfeln. Öl in einem Topf erhitzen und darin die Schalotten- und Paprikawürfel anschwitzen. Mit Weißwein ablöschen. Brühe und Sahne einrühren und kurz aufkochen lassen. Das Ganze im Mixer pürieren und durch ein feines Sieb passieren. Mit Salz und Pfeffer abschmecken. Die Butter in Flocken zugeben und die Sauce schaumig schlagen.

Lasagnette mit Gemüse auf Paprikaschaum

Für die Pasta den Teig mit der Nudelmaschine in hauchdünnen Bahnen ausrollen. Für die vier Deckblätter die Petersilienblätter in größerem Abstand auf die eine Hälfte einer Teigbahn legen, die restliche Bahn darüberschlagen und nochmals fein ausrollen. Rechtecke oder nach Belieben Quadrate ausschneiden, sodass die Petersilienblätter ungefähr mittig platziert sind. Die restlichen Teigbahnen ebenfalls in Rechtecke beziehungsweise Quadrate schneiden. Die Teigblätter in reichlich kochendem Salzwasser in 3 bis 4 Minuten al dente garen. Auf Küchentüchern abtropfen lassen.

Inzwischen den Gemüsefond in einem Topf erhitzen und die Butter in Flocken einrühren, bis der Fond leicht sämig ist. Das Gemüse in dem Fond schwenken, um es zu erwärmen. Mit Salz und Pfeffer abschmecken.

Zum Servieren die Pastablätter mit dem Gemüse schichtweise auf vorgewärmte Teller legen und jeweils mit dem Teigblatt, das die Petersilie enthält, abschließen. Mit Paprikaschaum und Basilikum garnieren.

Für den grünen Pastateig den Spinat waschen und in kochendem Salzwasser blanchieren. Kalt abschrecken und ausdrücken. Den Spinat mit der Milch im Mixer fein pürieren. Mehl und Grieß in einer Schüssel gründlich mischen, etwas Salz hinzufügen. Die Mischung auf der Arbeitsfläche anhäufeln. In die Mitte eine Mulde drücken und das Ei sowie das Eigelb hineingeben. Öl und Spinatpüree nach und nach einarbeiten, bis ein fester Teig entstanden ist. Den Teig in Klarsichtfolie einschlagen und 1 Stunde ruhen lassen.

Für die Füllung die Schalotte schälen und fein würfeln. Die Artischocken putzen (harte Blätter und Blattspitzen sowie das »Heu« entfernen) und vierteln. Das Öl in einem Topf erhitzen und darin erst die Schalottenwürfel, dann die Artischocken anschwitzen. Mit Weißwein ablöschen. Majoran in den Sud geben und nach Belieben salzen und pfeffern. Die Artischocken schmoren, bis sie weich sind, dann aus der Pfanne nehmen und warm stellen. Den Sud auf ein Drittel einkochen lassen.

Für den Schaum den Rucola klein schneiden. Die Butter in einem Topf zerlassen und darin den Rucola anschwitzen. Die Weißweinsauce zugießen und aufkochen lassen. Den Inhalt des Topfes im Mixer pürieren und durch ein feines Sieb passieren. Mit Salz und Pfeffer abschmecken.

Oliven und Rucola klein schneiden, mit Olivenöl und Aceto balsamico vermengen. Beiseitestellen.

Für die Lasagnette mit der Nudelmaschine den weißen und den grünen Pastateig hauchdünn ausrollen. Für die Deckblätter eine grüne Teigbahn in Streifen schneiden und auf eine weiße Nudelbahn legen, und fest andrücken. Die Bahn nochmals durch die Maschine laufen lassen und in Rechtecke oder nach Belieben in Quadrate schneiden. Die restlichen Teigbahnen ebenfalls in Rechtecke oder Quadrate schneiden. Die Teigblätter in reichlich kochendem Salzwasser etwa 3 bis 4 Minuten ziehen lassen. Auf Küchentüchern abtropfen lassen.

Die Artischocken in den reduzierten Sud geben und erhitzen.

Zum Servieren jeweils ein grünes Teigblatt auf vorgewärmte Teller geben, dann die Artischocken und die restlichen Teigblätter immer abwechselnd aufschichten. Mit einem gestreiften Teigblatt abschließen. Die Oliven-Rucola-Mischung und den Rucolaschaum hinzufügen.

Grün-weiße Lasagnette mit Artischocken auf Rucolaschaum

Für den grünen Pastateig

50 g frischer Blattspinat

Salz

20 ml Milch

220 g Mehl

30 g Grieß

1 Ei

1 Eigelb

1 EL Olivenöl

Für den weißen Pastateig

200 g Pastateig (siehe Grundrezept Seite 250)

Für die Füllung

1 Schalotte

400 g Baby-Artischocken

50 ml Natives Olivenöl extra

200 ml Weißwein

1 Majoranzweig

Salz

Pfeffer aus der Mühle

Für den Rucolaschaum

1 Bund Rucola

50 g Butter

200 ml Weißweinsauce
(siehe Grundrezept Seite 259)

Salz und Pfeffer

Zum Servieren

100 g entsteinte schwarze Oliven

1 Bund Rucola

50 ml Olivenöl

20 ml Aceto balsamico

»Man kann nicht alles haben, was man begehrt – sonst wird es zu einem Laster. Gutes Essen ist Seelenhygiene.«

320 g Pastateig
(siehe Grundrezept Seite 250)
Mehl

Für den Butterfond
200 ml Geflügelbrühe
(siehe Grundrezept Seite 252)
50 ml Trüffeljus
1 EL weißes Trüffelöl
40 g Butter
Salz
weißer Pfeffer

Zum Servieren
1 kleine weiße Trüffel
200 ml Weißweinsauce
(siehe Grundrezept Seite 259)
frischer Kerbel

Tagliolini
mit weißen Trüffeln

Den Pastateig mit der Nudelmaschine in etwa 1 cm breite Bahnen rollen. Wenn vorhanden, den Aufsatz für schmale Bandnudeln (Tagliolini sind etwas schmaler als Tagliatelle) aufsetzen und die Bahnen durchlassen. Die Pasta auf ein bemehltes Backblech geben und kühl stellen.

Für den Butterfond die Brühe in einem Topf zum Kochen bringen und auf die Hälfte reduzieren. Trüffeljus und Trüffelöl einrühren, dann mit der Butter binden. Mit Salz und Pfeffer abschmecken.

Kurz vor dem Servieren die Tagliolini in reichlich Salzwasser etwa 5 Minuten al dente garen, abgießen und im Butterfond schwenken

Zum Servieren die Pasta mithilfe einer Fleischgabel in Nestern auf vorgewärmten Tellern anrichten. Aufgeschäumte Weißweinsauce hinzufügen. Butterfond um die Pasta ziehen und die Trüffel dünn darüber hobeln. Mit Kerbel garnieren.

Sognare … Träumen mit offenen Augen … diese Tagliolini beruhigen die Sinne – und die weiße Trüffel (nicht nur aus Alba, sondern auch aus Acqualagna oder aus der Toskana) entzückt den Gaumen mit ihrer überwältigenden Intensität.

Für die Calamaretti

12 geputzte Calamaretti
Salz
Pfeffer
Öl
80 g Butter

Für die Gnocchi

200 g tiefgekühlte Erbsen
280 g im Ofen gegarte Kartoffeln
180 g Mehl
1 Ei
2 Eigelb
etwas fein gehackte Minze
40 g Butter
50 g Parmesan

Für die Sauce

1 Topf Minze
80 g Butter
200 ml Weißweinsauce
(siehe Grundrezept Seite 259)

Erbsen-Minze-Gnocchi
mit Calamaretti

Die Calamaretti klein schneiden und mit Salz und Pfeffer würzen. In wenig sehr heißem Öl kurz anbraten und die Butter dazugeben.

Die Erbsen auftauen, fein mixen und durch ein Sieb passieren. Die Kartoffeln durch eine Kartoffelpresse drücken und mit dem Erbsenpüree verrühren. Nach und nach alle übrigen Zutaten einkneten, bis ein fester, glatter Teig entsteht. Aus dem Gnocchiteig 2 cm dicke Rollen formen und in 1 cm lange Gnocchi schneiden. In reichlich siedendem Salzwasser etwa 4 Minuten garen. Die Gnocchi sind fertig, sobald sie an der Oberfläche schwimmen.

Die Minzeblätter in der Butter anschwitzen und mit der Weißweinsauce ablöschen. Einmal aufkochen und weitere 10 Minuten ziehen lassen, dann durch ein Sieb passieren. Die abgetropften Gnocchi zusammen mit den Calamaretti auf Tellern anrichten und die Sauce darübergeben. Mit einigen Blättchen frischer Minze garnieren.

Erbsenpanzerotti mit Hummer

Für die Füllung

200 g tiefgekühlte Erbsen

50 g Sahne

100 g Mascarpone

Salz

Pfeffer

Für die Panzerotti

200 g Pastateig (siehe Grundrezept Seite 250)

1 Ei

Mehl

Für den Hummer

2 Hummer

150 g Butter

Für die Sauce

150 ml Weißweinsauce

(siehe Grundrezept Seite 259)

150 ml Hummerfond

(vom Kochen des Hummers)

Die Erbsen auftauen, mit der Sahne fein mixen und durch ein Sieb passieren. Das Erbsenpüree mit dem Mascarpone verrühren und mit Salz und Pfeffer abschmecken.

Den Teig mit der Nudelmaschine zu hauchdünnen Platten ausrollen und auf eine bemehlte Arbeitsfläche legen. Die Hälfte der Nudelplatten mit verquirltem Ei bestreichen und im Abstand von 4 cm je einen Teelöffel der Füllung daraufsetzen. Die übrigen Teigplatten darüberlegen, rund um die Füllung fest andrücken und quadratisch ausschneiden. In reichlich siedendem Salzwasser etwa 2 Minuten garen.

Die Hummer in reichlich siedendem Salzwasser 5 Minuten kochen und in Eiswasser abkühlen lassen. Die Scheren und den Schwanz ausbrechen (die Karkassen für den Hummerfond beiseitestellen). Den Darm entfernen, den Schwanz in Medaillons schneiden und zusammen mit den Scheren in der Butter vorsichtig erhitzen (nicht zu stark, sonst wird das Fleisch zäh).

Den Hummerfond aufkochen und auf die Hälfte einreduzieren lassen. Die Weißweinsauce aufkochen und mit dem Mixer aufschäumen. Die Panzerotti mit dem Hummerfond und der Weißweinsauce anrichten.

Für die Füllung

2 rote Paprikaschoten

2 gelbe Paprikaschoten

1 Zucchini

1 Aubergine

Thymian

Rosmarin

Olivenöl

Salz

Pfeffer

Für die Ravioli

200 g Pastateig (siehe Grundrezept Seite 250)

1 Ei

Mehl

Für das Pesto

1 Topf Basilikum

30 g geriebener Parmesan

15 g geröstete Pinienkerne

Salz

60 ml Olivenöl

Raviolo Acquarello

Das Gemüse in feine Würfel schneiden. Portionsweise zusammen mit den Kräutern in Olivenöl anschwitzen und abschmecken.

Den Teig mit der Nudelmaschine zu hauchdünnen Platten ausrollen und auf eine bemehlte Arbeitsfläche legen. Aus den Platten 5 cm x 15 cm große Rechtecke schneiden. Die eine Hälfte der Rechtecke mit verquirltem Ei bestreichen und je zwei Teelöffel von der Füllung daraufsetzen. Die andere Hälfte darüberklappen und rund um die Füllung fest andrücken. In reichlich siedendem Salzwasser etwa 2 Minuten kochen.

Alle Zutaten für das Pesto mit einem Pürierstab mixen.

Für die Paprikacreme die Paprikaschoten schälen, entkernen, würfeln und in Olivenöl anschwitzen, ohne dass sie Farbe annehmen. Kräuter und Knoblauch dazugeben, würzen und mit dem Fond aufgießen. So lange kochen lassen, bis die Paprikaschoten weich sind. Mit Salz und Pfeffer abschmecken, mit einem Pürierstab mixen und durch ein feines Sieb passieren.

Für das Auberginenpüree die Auberginen schälen, würfeln, mit Salz und Pfeffer würzen und mit Zitronensaft beträufeln. In reichlich Olivenöl anbraten, ohne dass sie Farbe annehmen. Thymian und Knoblauch dazugeben und kurz mit anschwitzen, danach alles auf ein Blech geben und im vorgeheizten Backofen bei 180 ° C etwa 15 Minuten garen. Anschließend mixen und durch ein feines Sieb passieren.

Die abgetropften Ravioli auf Tellern anrichten und die drei Saucen dazu reichen.

Für die Paprikacreme

2 rote Paprikaschoten

Olivenöl

Rosmarin

Thymian

Knoblauch

100 ml Geflügelfond

(siehe Grundrezept Seite 252)

Salz

Pfeffer

Für das Auberginenpüree

2 Auberginen

1 Zitrone

Salz

Pfeffer

Olivenöl

Knoblauch

Thymian

Für die Füllung

250 g Steinpilze, geputzt

80 g Butter

50 g Mascarpone

50 g Ricotta

Salz

Pfeffer

Für die Agnolotti

200 g Pastateig (siehe Grundrezept Seite 250)

1 Ei

Mehl

Für die Rucolabutter

100 ml Geflügelfond (siehe Grundrezept
Seite 252)

80 g Butter

1 Bund Rucola

Steinpilzagnolotti mit
Rucolabutter

Die Steinpilze klein schneiden und in der Butter anbraten. Salzen, pfeffern und abkühlen lassen. Die abgekühlten Pilze mit Mascarpone und Ricotta verrühren und nochmals abschmecken.

Den Teig mit der Nudelmaschine zu hauchdünnen Platten ausrollen und auf eine bemehlte Arbeitsfläche legen. Die Hälfte der Nudelplatten mit verquirltem Ei bestreichen und im Abstand von 3 cm je einen Teelöffel der Füllung daraufsetzen. Die übrigen Teigplatten darüberlegen, rund um die Füllung fest andrücken und rund ausstechen. Die Agnolotti in reichlich siedendem Salzwasser etwa 2 Minuten kochen.

Den Geflügelfond aufkochen und die Butter dazugeben. Einige Rucolablätter beiseitelegen, den Rest fein hacken und unter den Butterfond rühren.

Die Rucolabutter über die abgetropften Agnolotti geben und mit einigen frischen Rucolablättern garnieren.

Die Kartoffeln waschen, auf ein Backblech legen und im auf 200 °C vorgeheizten Back-ofen etwa 90 Minuten garen. Die garen Kartoffeln schälen und durch die Kartoffelpresse drücken. Das Püree mit den übrigen Zutaten zu einem elastischen Teig verarbeiten.

Den Teig in etwa 2 cm dicke Rollen formen und diese in 1 cm lange Gnocchi schneiden. Die Gnocchi in reichlich siedendem Salzwasser etwa 4 Minuten kochen.

Den Schnittlauch sehr fein schneiden. Die Weißweinsauce aufkochen und mit einem Mixer aufschäumen.

Den Schaum abnehmen, die Sauce mit dem Schnittlauch und dem Kaviar verrühren und über die Gnocchi geben.

Kartoffelgnocchi
mit Schnittlauch-Kaviarsauce

Für die Gnocchi

400 g Kartoffeln

1 Ei

1 Eigelb

30 g frisch geriebener Parmesan

100 g Mehl

Salz

Pfeffer

Muskatnuss

Für die Sauce

1 Bund Schnittlauch

150 ml Weißweinsauce

(siehe Grundrezept Seite 259)

40 g Kaviar

Für die Füllung

150 g Petersilie

100 g Ricotta

50 g Nussbutter

Salz

Pfeffer

Für die Ravioli

250 g Pastateig (siehe Grundrezept Seite 250)

1 Ei

Mehl

Für die Sauce

1 kleiner schwarzer Trüffel

50 g Butter

150 ml Weißweinsauce

(siehe Grundrezept Seite 259)

Trüffelöl nach Belieben

Für die Petersiliencreme

200 g Petersilie

50 ml Weißweinsauce

(siehe Grundrezept Seite 259)

100 g Sahne

50 g Butter

Salz

Pfeffer

Petersilienravioli mit schwarzem Trüffel

Für die Füllung die Petersilie gründlich waschen, die Blätter von den Stielen zupfen, in heißem Wasser blanchieren, dann mit dem Stabmixer fein pürieren. Das Püree mit dem Ricotta und der Nussbutter verrühren und mit Salz und Pfeffer abschmecken.

Den Teig mit der Nudelmaschine zu hauchdünnen Platten ausrollen und auf eine bemehlte Arbeitsfläche legen. Die Hälfte der Nudelplatten mit verquirltem Ei bestreichen und im Abstand von etwa 4 cm je einen Löffel der Füllung setzen. Die übrigen Nudelplatten darüberlegen und rund um die Füllung fest andrücken. Mit einem Ausstecher Ravioli ausstechen. Die Ravioli in siedendem Salzwasser etwa 2 Minuten garen.

Die Hälfte des Trüffels klein schneiden und in der Butter anschwitzen. Mit der Weißweinsauce aufgießen und mit dem Trüffelöl abschmecken. 10 Minuten ziehen lassen.

Für die Petersiliencreme die Petersilienblätter in heißem Wasser blanchieren, fein mixen und durch ein Sieb streichen. Die Weißweinsauce, die Sahne und die Butter aufkochen lassen, das Petersilienpüree dazugeben und mit Salz und Pfeffer abschmecken.

Die Ravioli mit der Petersiliencreme dekorieren und mit der Sauce anrichten. Den übrigen Trüffel über die Ravioli hobeln.

Für die Füllung

100 g Spinat

80 g Butter

Salz

Pfeffer

Muskatnuss

100 g Ricotta

50 g Mascarpone

Für die Agnolotti

200 g Pastateig

(siehe Grundrezept Seite 250)

1 Ei

Mehl

Für die Salbeibutter

100 ml Geflügelfond

(siehe Grundrezept Seite 252)

80 g Butter

1/2 Bund Salbei

Salz

Spinatagnolotti
mit Salbeibutter

Den Spinat waschen und in der Butter anschwitzen, mit Salz, Pfeffer und Muskat würzen und abkühlen lassen. Den abgekühlten Spinat klein hacken, den Ricotta und den Mascarpone unterrühren und nochmals abschmecken.

Den Teig mit der Nudelmaschine zu hauchdünnen Platten ausrollen und auf eine bemehlte Arbeitsfläche legen. Die Hälfte der Nudelplatten mit verquirltem Ei bestreichen und im Abstand von etwa 3 cm je einen Teelöffel der Füllung daraufsetzen. Die übrigen Teigplatten darüberlegen, rund um die Füllung fest andrücken und rund ausstechen. Die Agnolotti in reichlich siedendem Salzwasser etwa 2 Minuten kochen.

Den Geflügelfond aufkochen und die Butter dazugeben. Die Salbeiblättchen fein hacken und unter den Butterfond rühren. Mit Salz abschmecken.

Die Agnolotti mit der Salbeibutter anrichten und servieren.

Für die Füllung

50 g Ricotta

100 g Mascarpone

1 unbehandelte Zitrone

Salz

Pfeffer

Für die Agnolotti

200 g Pastateig (siehe Grundrezept Seite 250)

1 Ei

Mehl

Für die Zitronensauce

50 g Butter

1 unbehandelte Zitrone

150 ml Weißweinsauce (siehe Grundrezept

Seite 259)

Salz

Pfeffer

Für die Jakobsmuscheln

4 Jakobsmuscheln

Salz

roter Pfeffer

Olivenöl

Zitronenschale

Zitronen-Mascarpone-Agnolotti mit Jakobsmuscheln

Den Ricotta und Mascarpone mit der Schale und dem Saft von 1 Zitrone verrühren und abschmecken.

Den Teig mit der Nudelmaschine zu hauchdünnen Platten ausrollen und auf eine bemehlte Arbeitsfläche legen. Die Hälfte der Nudelplatten mit verquirltem Ei bestreichen und im Abstand von etwa 4 cm je einen Löffel der Füllung daraufgeben. Die restlichen Teigplatten darüberlegen, rund um die Füllung fest andrücken und rund ausstechen. Die Agnolotti in reichlich siedendem Salzwasser etwa 3 Minuten garen.

Für die Zitronensauce die Zitronenschale in der Butter anschwitzen und mit dem Saft aufgießen, die Weißweinsauce dazugeben, mit Salz und Pfeffer abschmecken und einmal aufkochen lassen.

Die Jakobsmuscheln salzen und kurz in Olivenöl anbraten. Mit Zitronenschale und rotem Pfeffer würzen und etwa 4 Minuten im auf 180 °C vorgeheizten Backofen glasig garen.

Die Agnolotti und die Jakobsmuscheln dekorativ auf Tellern arrangieren und mit der Sauce anrichten.

Für die Füllung den Kopfsalat waschen, klein schneiden und unter die Mascarpone heben. Die gehackte Trüffel dazugeben und mit Salz, Pfeffer und Trüffelöl abschmecken. Anschließend kalt stellen.

Für die Ravioli den Teig mit der Nudelmaschine zu hauchdünnen Teigplatten ausrollen und auf eine bemehlte Arbeitsfläche legen. Die Hälfte der Nudelplatten mit verquirltem Ei bestreichen und im Abstand von 3 cm je einen Teelöffel der Füllung setzen. Die übrigen Nudelplatten darüberlegen und rund um die Füllung fest andrücken. Mit einem runden Ausstecher Kreise ausstechen und in reichlich Salzwasser 2 Minuten garen.

Kopfsalatravioli mit Parmesan- wolke und karamellisierten Birnenwürfeln

Für die Kopfsalatsauce den Salat waschen, klein schneiden und in siedendem Salzwasser blanchieren. In Eiswasser abschrecken. Den Gemüsefond mit der Sahne zum Kochen bringen und den Kopfsalat dazugeben. 2 Minuten kochen lassen und in einem Mixer mixen. Durch ein feines Sieb passieren, den Sauerrahm dazugeben und mit Haselnussöl, Salz und Pfeffer abschmecken.

Für die Birnensauce den Birnensaft auf 100 ml reduzieren. Den Zitronensaft sowie die kalte Butter unterrühren und beiseitestellen.

Die Birne schälen und in kleine Würfel schneiden. In die Sauce geben und einmal aufkochen.

Zum Servieren den Radicchio und den Löwenzahn waschen und in kleine Stücke zupfen. Die Kopfsalatsauce und die Weißweinsauce aufkochen. Mit einem Mixstab aufschäumen und in die Mitte der vorgewärmten Teller geben. Die Ravioli um die Sauce herum legen, anrichten und je einen Löffel Birnensauce darübergeben.

Den Salat mit Olivenöl und Salz marinieren und zwischen den Ravioli verteilen. Zum Schluss die Trüffel darüberhobeln.

Für die Füllung

1 Kopfsalatherz

200 g Mascarpone

20 g schwarze Trüffel, gehackt

Salz, Pfeffer

Trüffelöl

Für Ravioli

300 g Pastateig (siehe Grundrezept Seite 250)

1 Ei, verquirlt

Mehl

Für die Kopfsalatsauce

1 Kopfsalat

100 ml Gemüsefond

100 ml Sahne

50 g Sauerrahm

5 ml Haselnussöl

Salz

Pfeffer

Für die Weißweinsauce

150 ml Weißweinsauce (siehe Grundrezept Seite 259)

Für die Birnensauce

300 ml Birnensaft

Saft von 1 Zitrone

20 g kalte Butter

1 Birne

Zum Servieren

1 Radicchio Trevisano

1 Bund gelber Löwenzahn

Olivenöl

Salz

20 g schwarze Trüffel

Für die Füllung

50 Kapern

100 g getrocknete Tomaten in Öl

100 g Mascarpone

30 g Parmesan

Salz

Pfeffer

Für die Panzerotti

250 g Pastateig (siehe Grundrezept Seite 250)

1 Ei, verquirlt

Mehl

Für die Sauce

50 g Butter

1 Bund Basilikum

150 ml Weißweinsauce

(siehe Grundrezept Seite 259)

Für das Basilikumpesto

100 g Basilikumblätter

20 g Pistazien

20 g geriebener Parmesan

100 ml Olivenöl

Salz

Für das Tomatenpesto

100 g getrocknete Tomaten in Öl

20 g geriebener Parmesan

50 ml Olivenöl

Für die Füllung die Kapern und Tomaten fein hacken und mit Mascarpone und Parmesan verrühren. Mit Salz und Pfeffer abschmecken.

Für die Panzerotti den Teig mit der Nudelmaschine zu hauchdünnen Teigplatten ausrollen und auf eine bemehlte Arbeitsfläche legen. Die Hälfte der Nudelplatten mit verquirltem Ei bestreichen und im Abstand von 3 cm je einen Teelöffel der Füllung setzen. Die übrigen Nudelplatten darüberlegen und rund um die Füllung fest andrücken.

Tomaten-Kapern-Panzerotti mit zweierlei Pesto

Mit einem runden Ausstecher Kreise ausstechen und in reichlich Salzwasser 2 Minuten garen.

Für die Sauce das Basilikum in der Butter anschwitzen und mit der Weißweinsauce aufgießen. Alles 10 Minuten ziehen lassen, dann durch ein feines Sieb passieren.

Für das Basilikumpesto Basilikum, Pistazien, Parmesan, Olivenöl und Salz im Mixer pürieren und durch ein feines Sieb passieren. Alternativ können die Zutaten auch in einem Mörser zerstoßen werden.

Für das Tomatenpesto die Tomaten mit dem Parmesan und dem Olivenöl im Mixer pürieren und durch ein feines Sieb passieren. Alternativ können die Zutaten auch in einem Mörser zerstoßen werden.

Für die Kalbskopffüllung die Balsamicoreduktion zusammen mit 150 ml Kalbsjus in einer Pfanne aufkochen. Die Kalbskopfwürfel dazugeben und 5 Minuten leicht kochen lassen. Mit Salz, Pfeffer und Rosmarin würzen. Die Masse gleich hoch auf ein mit Backpapier ausgelegtes Blech gießen und 2 Stunden kühl stellen. Nachdem die Masse angezogen hat, mit einem Ausstecher Kreise ausstechen.

Für die Panzerotti den Teig mit der Nudelmaschine zu hauchdünnen Platten ausrollen und auf eine bemehlte Arbeitsfläche legen. Die Hälfte der Nudelplatte mit verquirltem Ei bestreichen und im Abstand von 4 cm je eine Scheibe Kalbskopffüllung darauflegen.

Die restliche Teigplatte darüberlegen, rund um die Füllung fest andrücken und mit einem größeren Ausstecher Kreise ausstechen. Die Panzerotti in reichlich Salzwasser etwa 2 Minuten garen.

Die Hummerscheren in der Butter vorsichtig erhitzen. Nicht zu stark erhitzen, sonst wird das Fleisch zäh.

Zum Servieren die Weißweinsauce aufkochen. Die Panzerotti auf einen flachen Teller geben. In die Mitte eine Hummerschere legen. Mit der restlichen warmen Kalbjus die Panzerotti leicht begießen, dazwischen die aufgeschäumte Weißweinsauce anrichten. Rundum etwas Basilikumpesto ziehen. Mit etwas Piment d'Espelette leicht bestreuen.

Für die Kalbskopffüllung

300 ml Kalbsjus

30 ml Balsamicoreduktion

Salz

Pfeffer

1 TL Rosmarin, gehackt

250 g fertig gekochter Kalbskopf, fein gewürfelt

Für die Panzerotti

250 g Pastateig (siehe Grundrezept Seite 250)

1 Ei, verquirlt

Mehl

4 Hummerscheren, gekocht und

ausgebrochen

150 g Butter

Zum Servieren

150 ml Weißweinsauce (siehe Grundrezept

Seite 259)

25 ml Basilikumpesto

etwas Piment d'Espelette

Kalbskopf-Panzerotti mit Hummerschere, Weißwein-schaum, Basilikumpesto und Piment d'Espelette

»Genuss pur!«

Die Schalotte schälen, in feine Würfel schneiden und in Olivenöl glasig dünsten. Den Reis zugeben und mitanschwitzen. Mit Weißwein ablöschen. Die Trüffeljus einrühren. Nach und nach die Geflügelbrühe zugießen und nach ca. 20 Minuten, wenn die Reiskörner noch Biss haben, die Butter und den Parmesan unterrühren. Von der Trüffel etwa ein Drittel in feine Würfel schneiden (den Rest fürs Garnieren beiseitelegen) und mit der Petersilie unter den Risotto mischen. Den Risotto mit weißem Trüffelöl aromatisieren und mit Salz und Pfeffer abschmecken.

Für die Sauce Kalbsfond, Madeira, Portwein und Trüffeljus in einen Topf geben und auf ein Drittel reduzieren.

Zum Servieren Risotto auf vorgewärmten Tellern anrichten und mit der Sauce überziehen. Auf jede Portion ein paar gehobelte Scheibchen der restlichen Trüffel geben. Mit Kerbel garnieren.

Die Macht auf dem Teller – nicht die politische, sondern die des Geschmacks …

Risotto mit schwarzen Trüffeln

Für den Risotto

1 Schalotte

1 EL Olivenöl

240 g Risottoreis (Carnaroli-Reis)

50 ml trockener Weißwein

50 ml Trüffeljus

1 l Geflügelbrühe (siehe Grundrezept Seite 252)

100 g kalte Butter

60 g geriebener Parmesan

100 g schwarze Trüffel

1 EL fein zerkleinerte Petersilie

1 TL weißes Trüffelöl

Salz und Pfeffer

Für die Sauce

200 ml dunkler Kalbsfond
(siehe Grundrezept Seite 253)

50 ml Madeira

50 ml roter Portwein

50 ml Trüffeljus

Zum Garnieren

frischer Kerbel

Ich liebe alles an meiner **Familie …**

… an meinen Kindern, nichts könnte diese Liebe vermindern oder verändern.

Ich liebe meine Eltern, die meine ersten strengen, aber fairen und warmherzigen Lehrer gewesen sind. Von ihnen habe ich gelernt, dass die Pflichten vor den Rechten kommen. Von ihnen habe ich gelernt, in meinem Leben ein Ziel, eine Bestimmung zu haben.

Meine Familie ist ein Teil dessen, was ich bin – Teil meines Wesens, meines Herzens und meines Verstands.

Ich spüre ihre Liebe, und mein Name ist ihr Name. Grazie!

Den Backofen auf 180 °C (Gas Stufe 2) vorheizen.

Den Schwertfisch in etwa 50 Gramm schwere Medaillons schneiden und diese salzen. Das Öl in einer Grillpfanne erhitzen und die Fischmedaillons scharf anbraten, dann im vorgeheizten Ofen 6 bis 10 Minuten saftig garen.

Die Kartoffeln schälen und in Salzwasser weich kochen. Abgießen, einen Moment ausdampfen lassen, dann durch die Kartoffelpresse drücken. Das Kartoffelpüree mit heißer Milch glatt rühren. Mit Salz, Pfeffer und frisch geriebener Muskatnuss würzen. Den Pesto unterheben.

Gegrillter Schwertfisch mit Pestopüree und Paprikagemüse auf Tomatenpesto

Für das Gemüse die Paprikaschoten schälen, vierteln und entkernen. Öl in einer Grillpfanne erhitzen und darin die Paprikaschoten scharf anbraten. Die Kirschtomaten zugeben und andünsten. Nach Belieben mit Salz und Pfeffer würzen.

Für den Tomatenpesto die getrockneten Tomaten, das Tomatenmark, den Parmesan und die Pinienkerne im Mixer pürieren. Langsam so viel Olivenöl zugeben, bis eine weiche, glatte Paste entstanden ist. Den Pesto mit Salz, Pfeffer und fein zerkleinertem Basilikum abschmecken.

Zum Servieren die Paprikaschoten auf vorgewärmten Tellern anrichten. Die Schwertfischmedaillons daraufsetzen. Mit einem heißen Löffel aus dem Pestopüree jeweils zwei Nocken stechen und zu den Medaillons geben. Mit Kirschtomaten und Tomatenpesto garnieren.

400 g Schwertfischfilet

Salz

2 EL Olivenöl

Für das Pestopüree

100 g Pesto (siehe Grundrezept Seite 258)

400 g Kartoffeln

100 ml heiße Milch

Pfeffer aus der Mühle

Muskatnuss

Für das Gemüse

1 rote Paprikaschote

1 gelbe Paprikaschote

2 EL Olivenöl

12 Kirschtomaten

Für den Tomatenpesto

50 g getrocknete Tomaten

1 TL Tomatenmark

20 g Parmesan

20 g Pinienkerne

Olivenöl

Salz

Pfeffer aus der Mühle

frisches Basilikum

2 Doraden (jede etwa 600 g schwer)

Salz

kandierte Tomatenfilets (siehe Grundrezept
Seite 261, dafür 8 Tomaten nehmen)

Für die Rucolagraupen

100 g Rucola

50 ml Olivenöl

2 Schalotten

200 g Perlgraupen

500 ml heißer Fischfond (siehe
Grundrezept Seite 256)

30 g kalte Butter

30 g geriebener Parmesan

Für den Sabayon (Weinschaum)

150 g Butter

4 Eigelb

50 ml Weißwein

Estragonessig

1 EL Tomatenmark

Salz und Pfeffer

Zum Garnieren

frisches Basilikum

Am Vortag die Tomaten häuten, vierteln und entkernen. Das Fruchtfleisch auf ein Kuchenblech legen und mit Salz, Pfeffer sowie Zucker bestreuen und mit Öl überglänzen (d.h. bestreichen). Thymian, Rosmarin und Knoblauch hinzufügen und das Ganze im Backofen bei 70 °C (Gas kleinste Stufe) 8 bis 10 Stunden trocknen.

Den Backofen auf 180 °C (Gas Stufe 2) vorheizen.

Die Doraden entschuppen und ausnehmen. Die Filets von der Mittelgräte lösen und häuten. Mit einer Pinzette die restlichen Gräten entfernen. Die Filets in kaltem Wasser abspülen, gut trockentupfen, dann salzen. Mit kandierten Tomaten bedecken und mit Öl überglänzen. Den Fisch im vorgeheizten Ofen etwa 8 Minuten garen.

Doradenfilet mit kandierten Tomaten

Für die Rucolagraupen den Rucola waschen und in kochendem Salzwasser blanchieren. Gut ausdrücken und mit Olivenöl im Mixer zu einer Creme pürieren.
Die Schalotten schälen und würfeln. In einem Topf 2 Esslöffel Öl erhitzen und darin die Schalotten glasig dünsten. Die Graupen hinzufügen und wie bei einem Risotto unter ständigem Rühren den Fischfond portionsweise unterrühren. Nach etwa 15 Minuten mit Butter und Parmesan abbinden. Die Rucolacreme zugeben und nach Belieben mit Salz und Pfeffer abschmecken.

Für den Sabayon die Butter in einem Topf zerlassen und beiseitestellen. Die restlichen Zutaten in eine Schüssel geben und auf einem Wasserbad warm aufschlagen, bis die Masse leicht andickt. Langsam die Butter zugeben und mit Salz und Pfeffer abschmecken.

Zum Servieren die Rucolagraupen auf vier vorgewärmten Tellern mittig anrichten. Jeweils ein Doradenfilet daraufsetzen. Mit Sabayon umgießen und mit Basilikumblättern garnieren.

Thunfischschnitten mit Ratatouille und Kartoffel-püree auf Rosmarinschaum

Das Thunfischfilet von sehnigen Teilen befreien und in etwa 60 Gramm schwere Scheiben schneiden. Leicht salzen und beiseitelegen.

Für das Ratatouille das Gemüse in dieser Reihenfolge sautieren: Schalotte, Aubergine, Paprika, Zucchino in Olivenöl. Mit Salz und Pfeffer würzen. Warm halten.

Für das Püree die Kartoffeln in Salzwasser weich kochen. Abgießen, einen Moment ausdampfen lassen und durch die Kartoffelpresse drücken. Das Püree mit der heißen Milch glatt rühren. Die Butter in Flocken unterheben. Mit Salz, Pfeffer und frisch geriebener Muskatnuss abschmecken. Warm halten.

Für den Rosmarinschaum die Schalotte schälen und würfeln. Rosmarin grob zerkleinern. Den Esslöffel Butter in einem Topf zerlassen und darin die Schalottenwürfel mit dem Rosmarin anschwitzen. Den Wein zugießen und auf die Hälfte einkochen lassen. Die Sahne einrühren. Das Ganze aufkochen und passieren. Zum Aufschäumen die kalte Butter mit dem Schneebesen einarbeiten. Mit Salz und Pfeffer abschmecken.

Die große Kartoffel gewaschen, aber ungeschält in hauchfeine Scheiben schneiden und in Frittierfett knusprig backen.

Kurz vor dem Servieren die Thunfischschnitten in Olivenöl auf beiden Seiten scharf anbraten. Sofort aus der Pfanne nehmen, weil der Thunfisch sonst trocken wird.

Zum Servieren etwas Kartoffelpüree auf vorgewärmten Tellern mittig anrichten. Hierauf abwechselnd Thunfisch, Kartoffelpüree, Ratatouille und Kartoffelchips schichten. Mit einem Kartoffelchip abschließen.

Rosmarinschaum zugeben und mit Rosmarinspitzen garnieren.

400 g frisches Thunfischfilet (Sorte Bonito,
Sushi-Qualität)
Salz

Für das Ratatouille
1 Schalotte, fein gewürfelt
1 Aubergine, fein gewürfelt
1 Zucchino, fein gewürfelt
1 rote Paprikaschote, fein gewürfelt
Olivenöl
Salz und Pfeffer

Für das Kartoffelpüree
400 g Kartoffeln
Salz
200 ml heiße Milch
30 g Butter
Pfeffer
Muskatnuss

Für den Rosmarinschaum
1 Schalotte
1/2 Bund Rosmarin
1 EL Butter
100 ml Weißwein
200 ml Sahne
50 g kalte Butter
Salz und Pfeffer

Für die Kartoffelchips
1 große Kartoffel
Frittierfett

Zum Garnieren
frischer Rosmarin

1 kleiner Zander, etwa 1 kg schwer
Salz
1–2 EL Olivenöl
2–3 EL Butter

Für das Linsengemüse
150 g grüne Linsen, über Nacht in
reichlich Wasser eingeweicht
1 Schalotte
1–2 EL Olivenöl
500 ml Geflügelfond (siehe Grundrezept Seite 252)

50 g Butter
Salz und Pfeffer
Aceto balsamico
1 EL fein gehackte Petersilie

Für die glasierten Möhren
1 Bund Fingermöhren
20 g Butter
1 TL Zucker
100 ml Mineralwasser
Salz und Pfeffer

Für den Meerrettichschaum
80 g Meerrettich
1 Schalotte
1 EL Butter
100 ml Weißwein
200 ml Sahne
50 g kalte Butter
Salz und Pfeffer

Zander auf Linsen
mit glasierten Möhren auf
Meerrettichschaum

Den Backofen auf 180 °C (Gas Stufe 2) vorheizen.

Den Zander entschuppen und ausnehmen. Die Filets von der Mittelgräte lösen und mithilfe einer Pinzette von den restlichen Gräten befreien. Die Filets in etwa 90 Gramm schwere Stücke schneiden. Die Haut kreuzweise einritzen. Die Filets auf beiden Seiten leicht salzen. Beiseitelegen.

Die Linsen abgießen und mit kaltem Wasser abspülen. Die Schalotte schälen und würfeln. Öl in einem Topf erhitzen und die Schalottenwürfel anschwitzen. Die Linsen zugeben und kurz dünsten. Den Geflügelfond zugießen und das Ganze bei mittlerer Hitze köcheln lassen, bis die Linsen weich sind. Abgießen.

Die Butter in einer Pfanne zerlassen und darin die Linsen schwenken. Mit Salz, Pfeffer und einem Schuss Aceto balsamico abschmecken. Die Petersilie zugeben. Warm halten.

Das Möhrengrün einkürzen. Die Möhren unter fließendem Wasser abbürsten und trocknen. Butter in einer Pfanne erhitzen. Den Zucker einrühren und leicht karamellisieren lassen. Die Möhren zugeben und unter Wenden andünsten. Mit Mineralwasser ablöschen und das Wasser verdampfen lassen. Mit Salz und Pfeffer würzen. Warm halten.

Für den Schaum den Meerrettich schälen und grob zerkleinern. Die Schalotte schälen und würfeln. Die Butter in einem Topf erhitzen und die Schalottenwürfel mit dem Meerrettich anschwitzen. Mit Weißwein ablöschen und das Ganze auf die Hälfte einkochen lassen. Die Sahne zugießen und aufkochen lassen. Die kalte Butter zugeben und das Ganze im Mixer pürieren und anschließend passieren. Mit Salz und Pfeffer würzen.

Öl in einer ofenfesten Pfanne erhitzen und die Filets auf der Hautseite anbraten. Im vorgeheizten Ofen fertig garen. Aus dem Ofen nehmen, die Butter zugeben, die Filets wenden und mit der nun geschmolzenen Butter übergießen.

Zum Servieren die glasierten Möhren mit den Zanderfilets auf vorgewärmten Tellern anrichten. Die Linsen hinzufügen und mit Meerrettichschaum dekorativ überziehen.

Die Schlichtheit, der einfache Geschmack!
In diesem Gericht begegnen sich Duft und Geschmack –
und spielen miteinander …

Das Meer

»Mein Blick verliert sich am Horizont des Meeres...

Ich spüre, wie das Azurblau des Wassers meine Zehenspitzen berührt...

Ich fühle mich wie elektrisiert und denke: wie unendlich viel Blau!

Das Meer ist überwältigend – es ist Nachdenklichkeit und Veränderung – es ist
Bewegung, es ist für mich der Inbegriff des Lebens.

Ich bin ein Festland-Mensch und vielleicht gerade deswegen spüre ich das Meer
so intensiv. Als Kind habe ich mich fast schmerzlich nach dem Meer gesehnt – im
Geiste aber war ich dem Wasser immer nah.

Diese Sehnsucht, das Begehren dessen, was ich nicht habe, hat mich immer begleitet – und sehr früh habe ich dann gelernt, dass genau dort der Genuss beginnt.«

120 g Seeteufelfilet

160 g Zahnbrassenfilet mit Haut

160 g Filet vom Loup de Mer (Wolfsbarsch)

4 halbe Rotbarbenfilets

4 Jakobsmuscheln

Salz

2–3 EL Olivenöl

Für den Sud

2 Möhren

1 Zwiebel

1/2 Staudensellerie

4 Knoblauchzehen

2–3 EL Olivenöl

2 EL Tomatenmark

50 ml Weißwein

500 ml Muschelfond aus dem Glas

500 ml Geflügelfond (siehe Grund-

rezept Seite 252)

6 Safranfäden

1 Peperoncino

1 Zucchino

12 Perlzwiebeln

Salz und Pfeffer

Zum Servieren

4 Scheiben Ciabatta

Pesto (siehe Grundrezept Seite 258)

Kandierte Tomatenfilets (siehe Grund-

rezept Seite 261)

Olivenöl (nach Belieben)

Seeteufel, Zahnbrasse und Loup de Mer jeweils in vier Stücke schneiden. Den gesamten Fisch und die Muscheln leicht salzen. Öl in einer Pfanne erhitzen und darin alle Fischstücke beziehungsweise -filets sowie die Muscheln jeweils auf beiden Seiten scharf anbraten. Aus der Pfanne nehmen und beiseitestellen.

Caciucco Fischeintopf

Die Möhren, die Zwiebel sowie den Sellerie putzen und würfeln. In einem Topf Öl erhitzen und die Gemüsewürfel sowie den Knoblauch anschwitzen. Das Tomatenmark zugeben und andünsten. Mit Weißwein ablöschen und das Ganze 2 bis 3 Minuten aufkochen. Muschel- und Geflügelfond, Safran und Peperoncino zufügen und den Sud um ein Drittel einkochen lassen. Die Knoblauchzehen entnehmen. Den Inhalt des Topfes im Mixer pürieren, dann durch ein Sieb passieren und in den Topf zurückgeben. Den gewaschenen Zucchino würfeln und die Perlzwiebeln schälen. Beides in den Sud geben und aufkochen lassen. Mit Salz und Pfeffer abschmecken. Die Hitze verringern. Einen Moment warten, bis der Eintopf nur noch siedet, dann den gesamten Fisch und die Muscheln zugeben und fertig garen.

Die Ciabatta-Scheiben rösten und mit Pesto bestreichen.

Zum Servieren den Eintopf in tiefe Teller füllen, dabei jeweils eine Muschel und von jeder Fischart ein Stück hineingeben. Mit der Ciabatta und den Tomatenfilets garnieren. Nach Belieben mit etwas Olivenöl beträufeln.

Sinneswahrnehmungen, sagt man, sind das Tor zur Intelligenz. Buon appetito!

Für die Sauce die Orangen schälen und filetieren, kurz beiseitelegen. Die Schalotte schälen und würfeln. Das Basilikum grob hacken. Schalottenwürfel, Basilikum sowie Orangensaft in einen Topf geben und auf ein Drittel einkochen lassen. Weißwein, Sahne und Butter einrühren und aufkochen lassen. Den Inhalt des Topfes im Mixer kurz pürieren, dann durch ein feines Sieb passieren. Die Sauce nochmals erwärmen und mit Cointreau, Salz und Pfeffer abschmecken. Crème double einrühren und die Orangenfilets zum Erwärmen zugeben.

Langusten mit
Orangen-Basilikum-Sauce

Die Langusten unter fließendem Wasser waschen. Zwiebel, Porree und Sellerie putzen und grob zerkleinern. In einem großen hohen Topf 5 Liter Salzwasser mit dem Gemüse zum Kochen bringen. Die Langusten mit dem Kopf voran hineingeben und 5 Minuten leicht kochen lassen. Vom Herd nehmen. Die Langusten in dem Topf 5 Minuten ziehen lassen und dann in Eiswasser abschrecken. Die Langusten entnehmen und mit einem großen Messer halbieren. Den Kopf gut säubern und den Darm entfernen. Öl in einer Grillpfanne erhitzen und darin jede Langustenhälfte von beiden Seiten scharf anbraten. Mit Salz und Pfeffer würzen.

Die Langustenhälften auf vorgewärmten Tellern anrichten, mit Sauce umgießen und mit frischen Basilikumspitzen garnieren.

Für die Sauce

4 Orangen

1 Schalotte

1 Bund Basilikum

500 ml Orangensaft

50 ml Weißwein

100 ml Sahne

20 g Butter

2 cl Cointreau

Salz und Pfeffer

1 EL Crème double

2 Langusten, jede etwa 800 g schwer

1 Zwiebel

1 kleine Stange Porree

2 Stangen Staudensellerie

Salz

Olivenöl zum Braten

Pfeffer aus der Mühle

Zum Garnieren

frisches Basilikum

»Die Sonne auf dem Teller – gute Küche macht gute Laune!«

Soufflierte Jakobsmuscheln auf Erbsenrisotto mit Prosecco-Ingwer-Schaum

12 Jakobsmuscheln, frisch aus der Schale gelöst, sandfrei

Für die Farce
200 g Zanderfilet, ohne Haut, entgrätet und in kleine Stücke geschnitten
100 ml Sahne
1 Ei
Salz und Pfeffer
3 mittelgroße Möhren, klein geschnitten

20 g Butter
1 EL Noilly-Prat (französischer Wermutwein)
200 ml Gemüsebrühe
20 g grob gehackte, trocken geröstete Walnüsse
30 g Butter
1 Zucchino

Für den Schaum
1 Schalotte, fein zerkleinert
200 ml Prosecco

50 g Ingwer, geschält
200 ml Fischfond
(siehe Grundrezept Seite 256)
150 ml Sahne
50 g kalte Butter
Salz
Pfeffer

Für den Risotto
300 g frische Erbsen
Risotto
(siehe Grundrezept Seite 250)

Von den Jakobsmuscheln jeweils den Schließmuskel entfernen und das Muskelfleisch säubern (Mantelrand und den Mantel vorsichtig ablösen). In den Kühlschrank stellen.

Für die Farce das Zanderfilet mit der Hälfte der Sahne, dem Ei, etwas Salz und Pfeffer im Mixer fein pürieren. Kalt stellen. Die Möhren in einem Topf mit der Butter anschwitzen. Mit Noilly-Prat ablöschen. Den Gemüsefond zugeben und die Möhren weich kochen. Die restliche Sahne einrühren und das Ganze im Mixer fein pürieren. Kalt stellen. Nach dem Erkalten das Möhrenpüree mit der Zanderfarce, den Walnüssen und der zerlassenen Butter mischen und durch ein feines Sieb streichen. Mit Salz und Pfeffer abschmecken.

Den Zucchino auf der Aufschnittmaschine in sehr dünne Scheiben schneiden (man braucht 12 Scheiben). Jede Scheibe auf eine etwa 4 cm breite, 10 cm lange feste Klarsichtfolie legen und leicht salzen. Die Zander-Karotten-Farce dünn auf die Zucchinischeiben auftragen. Jeweils eine Jakobsmuschel daraufsetzen und in die Zucchinischeibe einwickeln, dann die Folie fest um das Ganze wickeln (sodass auf der einen Seite ein kleiner Saum entsteht). Die Röllchen aufstellen (mit dem »Foliensaum« nach oben) und etwas von der Farce obenauf setzen und glatt streichen. Beiseitestellen.

Für den Schaum die Schalotte mit dem Prosecco und dem Ingwer in einen Topf geben. Zum Kochen bringen und auf ein Drittel einkochen lassen. Den Fischfond zugießen, erneut zum Kochen bringen und den Sud auf die Hälfte reduzieren. Die Sahne hinzufügen und das Ganze 2 Minuten köcheln lassen. Die kalte Butter mit dem Stabmixer in die Sauce einarbeiten. Mit Salz und Pfeffer abschmecken. Warm halten.

Für den Risotto die Erbsen in Salzwasser blanchieren, abgießen und gut abtropfen lassen. Zwei Drittel der Erbsen im Mixer fein pürieren; ist die Masse zu trocken, etwas von dem Geflügelfond zugeben. Den Risotto nach dem Grundrezept zubereiten.

Kurz vor dem Servieren die Jakobsmuscheln etwa 5 bis 6 Minuten im Wasserbad pochieren. In der Zwischenzeit das Erbsenpüree und die restlichen Erbsen in den heißen Risotto mischen und auf vergewärmten Tellern flach anrichten.

Die Jakobsmuscheln herausnehmen, von der Folie befreien und dekorativ anrichten. Mit Prosecco-Ingwer-Schaum überziehen.

1 Zwiebel

1 kleine Stange Porree

2 Stangen Staudensellerie

Salz

2 kleine Hummer, jeder etwa 500 g schwer

Für die Rotweinbutter

4 Schalotten

1/8 l roter Portwein

400 ml Cannonau (Rotwein aus Sardinien)

120 g kalte Butter

Salz

weißer Pfeffer

Zitronensaft

100 ml Sahne

Zum Servieren

250 g Spinat

1 EL Olivenöl

Salz und Pfeffer

Muskatnuss

100 ml Sahne

Hummermedaillons
mit Cannonau-Butter

Zwiebel, Porree und Sellerie putzen und klein schneiden. Das Gemüse mit etwas Salz und 5 Litern Wasser in einem großen, hohen Topf zum Kochen bringen. Die Hummer mit dem Kopf voran hineingeben und 4 Minuten leicht kochen. Vom Herd nehmen, die Hummer 4 Minuten in dem Topf ruhen lassen, dann in Eiswasser abschrecken. Die Hummer entnehmen, Scheren und Schwänze aus dem Panzer brechen und Darm entfernen.

Für die Rotweinbutter die Schalotten schälen und würfeln. Die Schalottenwürfel mit dem Port- und Rotwein in einem Topf einkochen lassen, bis eine dickliche Masse entstanden ist. Vom Herd nehmen und etwas abkühlen lassen. In den noch warmen Sud die Butter in Flocken nach und nach einrühren. Mit Salz, weißem Pfeffer und Zitronensaft abschmecken.

Die Sahne auf die Hälfte reduzieren und mit Salz und Pfeffer abschmecken.

Kurz vor dem Servieren die Spinatblätter von Stielen befreien und gründlich waschen. Das Öl in einer Pfanne erhitzen und darin den Spinat anschwitzen. Mit Salz, Pfeffer und frisch geriebener Muskatnuss würzen.

Zum Servieren die Hummerschwänze und -scheren in schäumender Butter bei kleiner Hitze langsam erwärmen. Die Rotweinbutter auf vorgewärmten Tellern verteilen. Mit der Sahne einen Kreis auf die Teller gießen; mithilfe eines Zahnstochers ein Muster ziehen. Die Hummerschwänze in Scheiben schneiden und kreisförmig anrichten. Den Spinat in die Mitte geben und jeweils mit einer Hummerschere bedecken.

Ein edles, komplexes Gericht –
Balance von Wissen und Respekt vor
den Produkten und den Menschen.

Ich bin kein Koch …

Ich bin ein Fremder, ein Exot unter den Köchen, ich bin eigentlich nur ein neugieriger Mensch. Ich bin ein Mensch, der mit allen fünf Sinnen fühlt und denkt. Meine Liebe zum Kochen ist meine Liebe zum Leben, ist Leidenschaft.

Am Anfang kochte ich immer nur für Freunde, von Beruf war ich Übersetzer in einem italienischen Architekturbüro. Meine kulinarische Laufbahn habe ich mir irgendwie selber gesucht – und mein Ziel war immer schon, einfach ein guter Gastgeber zu sein, das heißt, das Geschmackserlebnis, die Freude am Essen anderen Menschen weiterzugeben.

Kochen war schon immer Familiensache – mein Großvater, mein Onkel und meine Mutter sind Gastronomen gewesen. Die Leidenschaft fürs Kochen ließ mich schlicht und einfach nicht los. Ich weiß nicht mehr genau, wann ich beschlossen habe, ihr zu folgen; für mich stand aber fest: Ich würde nichts unversucht lassen!

Ich hatte vor, meine ersten Erfahrungen im Hotel meines Onkels zu sammeln – aber ebenso wie meine Eltern, wollte dieser eigentlich nichts davon wissen. »Gegen« meine Familie musste ich also meine ersten Schritte in der Gastronomie machen.

Und dann? Die nächste Station, der mühsame Aufstieg von ganz unten. Als ich meinen Beruf als Übersetzer an den Nagel hängte, war ich bereits zu alt, um als Lehrling anzufangen. Eine Zeit lang habe ich als »Küchenschabe« in Südfrankreich gearbeitet, war dann im »Palace Hotel« Sankt Moritz und in Hamburg – und schließlich kam die wichtigste Etappe: Heinz Winklers Gourmettempel »Tantris« in München, wo ich insgesamt zehn Jahre lang arbeitete.

Eines Tages dann passierte etwas, das mein Leben nachhaltig veränderte. Es gab eine Veranstaltung in Italien: Jemand fiel aus, ich durfte einspringen und übernahm den Saucier-Posten. Heinz Winkler ließ mich arbeiten, beobachtete genau, wie ich das alles beherrschte, und nachdem alles überstanden war, sagte er mir nur: »Ich wusste gar nicht, dass du auch kochen kannst!« Seither hat er mich mit ganz anderen Augen gesehen.

Ich übernahm bei ihm die Rolle des »Außenministers«. Ich verantwortete alle Auslandsangelegenheiten, etwa die Eröffnung neuer Restaurants, habe Winklers Küche weitergetragen, war Garant für seinen Stil und seinen Service – und zwar weltweit, ob bei der Eröffnung des »Tristan« in Mallorca, das es zu zwei Sternen brachte, in Osaka, Japan, oder in zahlreichen Beratungen. Ich unterrichtete an der »Japanese Cookery School« in Osaka und war im Gourmettempel des italienischen Gastro-Papstes Gualtiero Marchesi in Mailand tätig.

Während dieser Zeit habe ich gelernt, Ideen auf dem Teller zu verwirklichen, Geschmackswelten zu kreieren, sie meinem Team zu vermitteln und schließlich dem Gast schmackhaft zu machen.

Nach dieser intensiven, spannenden Zeit bei Heinz Winkler und meinen Erfahrungen in der weiten Welt war ich schließlich so weit, den Schritt in die Selbstständigkeit zu wagen, zuerst mit einer eigenen Beratung. Die eigentliche Zäsur in meinem Leben kam aber mit dem Acquarello, meinem eigenen Restaurant – ein neues Kapitel meines Lebens, immer die Cucina del Sole im Blick!

…ich bin Autodidakt.

»Meine Liebe zum Kochen ist meine Liebe zum Leben. Jeden Tag aufs Neue mache ich aus meinem Leben, mit all seinen Einschränkungen, meine Leidenschaft!«

Für die Wachteln das Petersilienpüree mit der Geflügelfarce vermischen und mit Salz und Pfeffer abschmecken. Die Wachtelbrustfilets und -keulen mit Salz und Pfeffer würzen.

Die Stiele von vier Champignonköpfen entfernen und die Köpfe mit einem Kugelausstecher aushöhlen. Für die Standfestigkeit auf der runden Seite eine dünne Scheibe abschneiden. Die hohlen Champignonköpfe dünn mit der Farce ausstreichen und je eine Wachtelbrust und -keule hineingeben. Mit der restlichen Farce die Wachteln bestreichen, sodass alles gleichmäßig bedeckt ist.

Wachtel im Champignon-kopf mit Selleriepüree

Die restlichen vier Champignonköpfe mit einer Aufschnittmaschine von der runden Seite her in feine Scheiben schneiden und auf der Farce verteilen, bis die Füllung komplett bedeckt ist. Die Pilze mit flüssiger Butter einpinseln und kalt stellen.

Die Champignonköpfe in einen auf 180 °C Umluft vorgeheizten Backofen 10 bis 12 Minuten lang garen. Die Champignonköpfe aus dem Ofen nehmen und mit etwas Wachtelsauce begießen.

Für das Selleriepüree die Butter bei mittlerer Hitze in einem Topf zerlassen und darin die Selleriewürfel andünsten. Geflügelbrühe und Sahne zugießen. Den Sellerie zugedeckt weich garen. Den weichen Sellerie mit der Flüssigkeit im Mixer fein pürieren. Das Püree mit Salz und Pfeffer abschmecken.

Zum Servieren die Champignonköpfe halbieren. Die Wachtelsauce in die Mitte des Tellers geben und je zwei Champigonhälften daraufgeben. Drei Nocken Püree abstechen und um die Sauce drapieren.

Für die Wachtel im Champignonkopf

20 g Petersilienpüree

250 g Geflügelfarce (siehe Grundrezept

Seite 252, mit Hühnerbrust zubereitet)

4 Wachtelbrustfilets, ohne Haut

4 Wachtelkeulen, ausgelöst

7 große Champignonköpfe

(à 8 cm Durchmesser)

50 g flüssige Butter

Salz

Pfeffer

Wachtelsauce

Für das Selleriepüree

50 g Butter

2 Knolllensellerie, grob gewürfelt

250 ml Geflügelbrühe

(siehe Grundrezept Seite 252)

500 ml Sahne

Salz

Pfeffer

Die Kaninchenrücken auslösen und von Sehnen befreien. Mit Salz und Pfeffer würzen. Den Spinat waschen und in Salzwasser kurz blanchieren (die Blätter sollten noch fest sein), abschrecken und gut ausdrücken.

Für die Polenta die Milch mit Thymian und Knoblauch in einem Topf zum Kochen bringen. Den Polentagrieß langsam einrühren und unter kräftigem Rühren 10 Minuten garen. Mit Salz abschmecken. Zum Schluss mit Butter und Parmesan glatt rühren. Warm halten.

Kaninchen-Tournedos mit Polenta, Rotweinschalotten und Thymiansauce

Die Schalotten schälen und in Salzwasser blanchieren. Den Zucker mit der Butter in einer Pfanne karamellisieren. Die Schalotten zugeben und unter Wenden kurz dünsten. Mit Port- und Rotwein ablöschen. Das Lorbeerblatt zugeben und den Sud fast vollständig einkochen lassen. Mit Salz, Pfeffer und Aceto balsamico abschmecken.

Für die Sauce Butter in einer Pfanne zerlassen und die Schalottenwürfel anschwitzen. Den Thymian grob zerkleinern und einrühren. Mit Weißwein ablöschen und die Sahne zugießen. Den Inhalt der Pfanne im Mixer pürieren, dann durch ein Sieb passieren. Die Sauce mit der Butter aufschäumen. Mit Salz und Pfeffer abschmecken.

Den Backofen auf 180 °C (Gas Stufe 2) vorheizen. Die Kaninchenrückenfilets mit Spinatblättern umhüllen. Dann jedes Filet erst fest in Parmaschinken wickeln und anschließend in Alufolie einschlagen. Die Filets im vorgeheizten Ofen 8 Minuten garen. Vorsichtig die Alufolie entfernen und die Filets in heißem Öl knusprig braten. Warm halten.

Zum Servieren die Polenta auf vorgewärmten Tellern mittig anrichten. Die Kaninchenfilets jeweils in drei Stücke schneiden und auf oder an die Polenta setzen. Mit Rotweinschalotten umlegen und mit Thymiansauce beträufeln. Mit Thymianzweigen garnieren.

4 Kaninchenrücken

Salz

Pfeffer aus der Mühle

100 g frischer Blattspinat

12 Scheiben Parmaschinken

Olivenöl

Für die Polenta

500 ml Milch

200 g Polentagrieß

1 Thymianzweig

1 Knoblauchzehe

Salz

50 g Butter

50 g geriebener Parmesan

Für die Schalotten

12 Schalotten

30 g Zucker

20 g Butter

50 ml roter Portwein

100 ml Rotwein

1 Lorbeerblatt

Salz

Pfeffer

Aceto balsamico

Für die Sauce

1 Schalotte, gewürfelt

1/2 Bund frischer Thymian

100 ml Weißwein

200 ml Sahne

50 g kalte Butter

Salz

Pfeffer

Zum Garnieren

frische Thymianzweige

Chartreuse vom Kalbsschwanz auf Knuspertriangoli von Sellerie

Für die Chartreuse

1 Kalbsschwanz, vom Metzger
in kurze Stücke gehackt
Salz
Pfeffer aus der Mühle
1 Möhre, gewürfelt
1/2 Sellerieknolle, gewürfelt
4 Schalotten, fein gehackt
1 Stange Porree, fein gehackt
4 EL Pflanzenöl
1 EL Tomatenmark
1/2 l Rotwein
5 cl Madeira
2 l heller Kalbsfond (siehe Grundrezept Seite 254)
2 Lorbeerblätter
1 Thymianzweig
2 Knoblauchzehen, fein gehackt
1 EL schwarze Pfefferkörner
50 g kalte Butter

Für die Fleischfarce

100 g mageres Kalbfleisch, in Würfel
geschnitten
1 Eiweiß
100 ml Sahne
10 ml Madeira

Für die Chartreusenringe

4 gleich große Metallringe
(so genannte Konditor-Metallringe;
Durchmesser etwa 10 cm, Höhe
etwa 3 cm)
Butter zum Einfetten der Ringe
2 Möhren, in Stifte geschnitten
1 Knollensellerie, in Stifte geschnitten
100 g Keniabohnen
Salz
4 große Mangoldblätter

Für die Sauce

6 Schalotten, fein geschnitten
1 TL Butter
1/2 Flasche Breganze (Rotwein)

1 Lorbeerblatt
1 Zweig Thymian
1 EL eiskalte Butter

Für die Knuspertriangoli

1 Knollensellerie, in feine Scheiben
geschnitten
Olivenöl
Salz
Pfeffer aus der Mühle
4 EL Selleriepüree (siehe Rezept
»In Barolo geschmorte Rinderbacken
mit Selleriepüree« Seite 1/4)
1–2 TL zerkleinerte Petersilie
Öl zum Frittieren
1 Ei
2–3 EL Mehl
Semmelbrösel von 3 Scheiben alt-
backenem Weißbrot
2 Tomaten
natives Olivenöl extra

Den Kalbsschwanz mit Salz und Pfeffer würzen und in einem Bräter mit etwas Öl gleichmäßig anbraten. Das Gemüse dazugeben und etwa 10 Minuten anrösten. Tomatenmark beigeben und mit dem Rotwein und dem Madeira ablöschen. Fast komplett einkochen lassen und mit Kalbsfond aufgießen. Die Kräuter und Gewürze hinzugeben und 2 Stunden bei schwacher Hitze schmoren lassen. Den Kalbsschwanz entnehmen, das Fleisch vom Knochen lösen, Fett und Knorpel entfernen. Das Fleisch in eine Terrinenform pressen und kalt stellen. Den entstandenen Kalbsjus durch ein feines Sieb passieren und abfetten. Reduzieren und die kalten Butterstückchen in die Sauce einrühren.

Für die Chartreusenringe die Metallringe mit einem Pinsel dick einfetten. Das Gemüse in Salzwasser weich garen und mit Eiswasser abschrecken. Gut abtropfen lassen und jetzt in sich wiederholend gleicher Reihenfolge lückenlos an die Ringwand setzen. Den Mangold ebenfalls kurz kochen, abschrecken und auf einem Küchentuch trocknen. Mit einem Ausstecher den Mangold auf die Größe der Ringe schneiden.

Für die Fleischfarce das Kalbfleisch im Kühlschrank gut durchkühlen lassen. Anschließend durch den Fleischwolf drehen und langsam das Eiweiß und die Sahne einarbeiten, bis eine gleichmäßige, geschmeidige Masse entsteht. Mit Salz, Pfeffer und dem Madeira abschmecken. Kalt stellen.

Für die Sauce die Schalotten in der Butter glasig dünsten. Mit dem Rotwein auffüllen und die Kräuter dazugeben. Den Wein fast vollständig einkochen lassen und erst dann mit dem Kalbsjus des Kalbsschwanzes auffüllen, etwas reduzieren und am Schluss mit kalter Butter die Sauce binden.

Zur Fertigstellung der Chartreusenringe das gepresste Kalbsschwanzfleisch mit einem Messer in Würfel schneiden und mit der Kalbsfarce vermengen. Gut mit Salz, Pfeffer abschmecken und in die mit Gemüse ausgelegten Ringe fest eindrücken. Mit dem Mangoldblatt abdecken und die Ringe gut, erst in Klarsichtfolie, dann in Aluminiumfolie, einpacken. In einem nicht kochenden Wasserbad etwa 10 Minuten erwärmen.

Für die Triangoli aus den Selleriescheiben gleichmäßige Dreiecke (Triangoli) schneiden. Die Selleriereste fein hacken und in einer Pfanne mit Olivenöl anschwitzen. Mit Salz und Pfeffer würzen. Etwas abkühlen lassen, mit dem Selleriepüree und der Petersilie vermengen. Nun die Hälfte der Dreiecke mit Ei bestreichen und jeweils einen Teelöffel der Selleriemasse in die Mitte setzen. Die restlichen Dreiecke obenauf legen und leicht andrücken. Diese nun leicht in Mehl, dann im Ei und schließlich in den Semmelbröseln wenden. In heißem Öl goldbraun backen. Die Tomaten kurz blanchieren, häuten und entkernen. In feine Würfel schneiden und mit Olivenöl, Salz und Pfeffer mischen. Zum Servieren die Chartreusenringe aus dem Wasserbad nehmen und auspacken. Auf vorgewärmte Teller setzen, erst jetzt die Metallringe entfernen, das oben liegende Mangoldblatt mit der Breganzesauce leicht glacieren und etwas Sauce um die Chartreuse träufeln. Die Knuspertriangoli dazulegen und mit Tomatenwürfeln garnieren.

»Bergamo, meine Heimatstadt, eine Brücke zwischen zwei Kulturen –

»... der mediterranen und der mitteleuropäischen.«

Den Backofen auf 180 °C (Gas Stufe 2) vorheizen.

Die Koteletts von Fett und Sehnen befreien. Mit einem scharfen Messer die dünne Haut der Knochen abschaben. Das Fleisch salzen und pfeffern. Zum Panieren die Koteletts nacheinander in Mehl, leicht verquirltem Ei und den Weißbrotbröseln wenden. In einer Kasserolle oder einem Bräter 3 bis 4 Esslöffel Öl erhitzen. Die Koteletts hinzufügen und auf beiden Seiten goldbraun anbraten, anschließend etwa 30 Minuten im vorgeheizten Ofen fertig garen (das Fleisch darf nicht trocken werden).

Kalbsrücken alla Milanese mit Ofenkartoffeln, Kresse- und Tomatensalat

Für die Ofenkartoffeln die Kartoffeln schälen, in 5 mm dünne Scheiben schneiden und rund ausstechen, sodass sie in kleine, runde Auflaufformen passen. Mit Salz und Pfeffer würzen. Die Kartoffelscheiben in Salzwasser blanchieren, abgießen und gut trocknen. Die Butter in einem kleinen Topf zerlassen. Jeweils sieben Kartoffelscheiben in ein Förmchen geben und mit Butter bedecken. Im Backofen bei 200 °C (Gas Stufe 3) backen, bis sie weich und am Rand goldbraun sind.

Für den Kressesalat die Brunnenkresse gründlich waschen und gut abtropfen lassen. In einer Schüssel Olivenöl, Salz, Pfeffer und Zitronensaft (Mengen nach Belieben) mischen und die Kresse unterheben.

Für den Tomatensalat die Früchte waschen, vierteln, entkernen und in Würfel schneiden. In einer Schüssel Olivenöl, Salz, Pfeffer und Essig (Mengen nach Belieben) mischen und die Tomaten unterheben.

Zum Servieren die Koteletts auf vorgewärmte Teller legen und mit Zitronenzesten garnieren. Die Kartoffeln aus den Förmchen stürzen und zusammen mit dem Kresse- und Tomatensalat neben dem Fleisch anrichten. (Da die Tomaten viel Feuchtigkeit ziehen, sollte man sie besser in Portionsschälchen geben und diese auf die Teller setzen.)

1 kg Kalbskarree (Rippenkotelettstück)
in 4 gleich große Koteletts geteilt
Salz
Pfeffer aus der Mühle
Mehl
2 Eier
200 g geriebenes Weißbrot
Olivenöl

Für die Ofenkartoffeln
4 große Kartoffeln
Salz und Pfeffer
60 g Butter

Für den Kressesalat
2 Bund Brunnenkresse
Olivenöl
Salz und Pfeffer
Saft von 1 Zitrone

Für den Tomatensalat
3 Tomaten
Olivenöl
Weißweinessig
Salz und Pfeffer

Zum Servieren
Zesten (feine Streifen der Schale) von
1 Zitrone

2 Zwiebeln, gewürfelt

1 Möhre, gewürfelt

1 Sellerieknolle, gewürfelt

1 Stange Porree, gewürfelt

2 Knoblauchzehen, grob zerkleinert

4 Scheiben Ossobuco (Scheiben von der Kalbshaxe)

Salz

Pfeffer aus der Mühle

Mehl

3–4 EL Olivenöl

1 EL Tomatenmark

100 ml Weißwein

2 l heller Kalbsfond (siehe GrundrezeptSeite 254)

2 Lorbeerblätter

1 TL Pfefferkörner

kalte Butter

Essigbutter für den Risotto

4 Schalotten

2 TL Butter

100 ml Weißwein

50 ml Weißweinessig (mit 7 % Säure)

2 Lorbeerblätter

1 TL schwarze Pfefferkörner

300 g kalte Butter

Für den Risotto

2 Schalotten

2 EL Öl

240 g Risotto-Reis (Carnaroli-Reis)

50 ml Weißwein

1/2 TL Safranfäden

1/2 l heißer Geflügelfond (siehe Grundrezept Seite 252)

Essigbutter

frisch geriebener Parmesan

Zum Servieren

frischer Kerbel

Kirschtomaten

weißer Tomatenschaum, nach Belieben (siehe Rezept »Tomatenpanzerotti mit Pestocreme und weißem Tomatenschaum« Seite 72)

Zitronenzesten

frische glatte Petersilie oder frisches Basilikum

Den Backofen auf 180 °C (Gas Stufe 2) vorheizen. Die Ossobuco-Scheiben mit Salz und Pfeffer würzen, dann in Mehl wenden.

Öl in einem Bräter erhitzen und die Ossobuco-Scheiben anbraten. Das Gemüse und den Knoblauch zugeben. Wenn das Gemüse leicht Farbe angenommen hat, das Tomatenmark einrühren und 1 bis 2 Minuten mitrösten. Den Weißwein zugießen und etwas einkochen lassen. Kalbsfond, Lorbeerblätter und Pfefferkörner hinzufügen und das Ganze zum Kochen bringen. Die Ossobuco-Scheiben im vorgeheizten Ofen etwa 3 Stunden schmoren, bis das Fleisch vollkommen weich ist.

Ossobuco auf Safranrisotto

Die Ossobuco-Scheiben entnehmen und warm halten. Für die Sauce den Bratensud durch ein Sieb passieren und mit etwas kalter Butter abbinden. Warm halten.

Für die Essigbutter die Schalotten schälen und fein würfeln. Die 2 Teelöffel Butter in einem Topf zerlassen und darin die Schalottenwürfel andünsten. Wein, Essig, Lorbeerblätter und Pfefferkörner zugeben und die Flüssigkeit fast vollständig einkochen lassen. Die kalte Butter in Würfel schneiden und vorsichtig unterrühren. Die Butter soll nur schmelzen und darf nicht kochen. Sobald die Butter vollständig geschmolzen ist, das Ganze durch ein feines Sieb passieren und beiseitestellen (die restliche Essigbutter später in ein luftdicht verschließbares Gefäß füllen, siehe Tipp, unten).

Für den Risotto die Schalotten schälen und in kleine Würfel schneiden. In einem Topf das Öl erhitzen und darin die Schalottenwürfel andünsten. Den Reis zugeben und etwa 3 Minuten dünsten, bis er glasig ist. Mit dem Weißwein ablöschen und die Safranfäden unterrühren. Unter ständigem Rühren mit einem Holzlöffel die heiße Brühe nach und nach zugießen. Nach etwa 15 bis 20 Minuten den Reis mit Parmesan und Essigbutter binden. Der Risotto sollte al dente und sehr cremig sein.

Zum Servieren den Risotto flach auf vorgewärmten Tellern anrichten. Jeweils eine Ossobuco-Scheibe in die Mitte setzen. Mit Sauce beträufeln. Den Risotto mit Kerbel, Kirschtomaten und (nach Belieben) mit weißem Tomatenschaum garnieren. Den Ossobuco mit Zitronenzesten und Petersilie bestreuen.

Tipp: Die Essigbutter ist ideal, um einen Risotto abzubinden und ihm gleichzeitig eine angenehme Säure zu geben. Man kann sie in sterilisierte, luftdicht verschließbare Gläser abfüllen und im Kühlschrank aufbewahren. Sie hält sich mehrere Wochen.

Die Leber von dünner Haut befreien. In 1 cm dünne Scheiben schneiden. Kalt stellen.

Das weiße Zwiebelconfit wie auf Seite 16 beschrieben zubereiten.

Für das rote Confit die Zwiebeln schälen und in feine Ringe schneiden. Zucker und Butter in einer Pfanne karamellisieren. Die Zwiebeln zugeben und andünsten. Mit Aceto balsamico und Rotweinessig ablöschen. Rot- und Portwein zugießen und die Flüssigkeit fast vollkommen einkochen lassen. Mit Salz und Pfeffer abschmecken.

Kalbsleberroulade auf Kartoffelpüree mit zweierlei Zwiebelconfit

Für das Püree die Kartoffeln schälen und in Salzwasser weich kochen. Abgießen, einen Moment ausdampfen lassen und durch die Kartoffelpresse drücken. Das Püree mit der Milch glatt rühren. Die Butter in Flocken unterheben. Mit Salz, Pfeffer und frisch geriebener Muskatnuss abschmecken.

Den Backofen auf 190 °C (Gas Stufe 2–3) vorheizen. Die Leberscheiben mit Salz und Pfeffer würzen und dünn mit der Putenfarce bestreichen und diese mit dem roten Zwiebelconfit bedecken. Fest aufrollen und in Schweinenetz einschlagen. In einer ofenfesten Pfanne das Öl erhitzen und die Leberrouladen scharf anbraten, dann im vorgeheizten Ofen garen (die Leber sollte rosig gar, aber noch sehr saftig sein).

Für die Sauce den Kalbsfond etwas einkochen lassen. Mit Aceto balsamico abschmecken und mit kalter Butter binden.

Die Kirschen entkernen. Zucker und Butter in einer Pfanne karamellisieren. Mit Kirschsaft, Aceto balsamico und Rotwein ablöschen und einkochen lassen, bis eine dickliche Sauce entsteht. Die Kirschen hinzufügen und erwärmen. Mit Pfeffer abschmecken.

Kalbsleberrouladen aus dem Ofen nehmen, mit etwas Butter bestreichen und ein paar Minuten ruhen lassen, dann aufschneiden.

Zum Servieren das Kartoffelpüree auf vorgewärmte Teller geben und die Rouladen darauf anrichten. Kirschen und weißes Zwiebelconfit hinzufügen. Mit Sauce umgießen.

400 g Kalbsleber
Salz und Pfeffer
Putenfarce (siehe Grundrezept
Seite 252, dafür 100 g Putenbrust
nehmen)
4 große Stücke Schweinenetz (beim
Metzger erhältlich)
2–3 EL Olivenöl
Butter

Für das weiße Zwiebelconfit
siehe Rezept »Marinierte Sardellen auf
gelber Paprikasauce« Seite 14

Für das rote Zwiebelconfit
3 rote Zwiebeln
1 EL Zucker
20 g Butter

2 cl Aceto balsamico
4 cl Rotweinessig
50 ml Portwein
300 ml Rotwein
Salz und Pfeffer

Für das Kartoffelpüree
300 g Kartoffeln
Salz
200 ml heiße Milch
30 g Butter
Pfeffer
Muskatnuss

Für die Balsamicokirschen
20 Herzkirschen
1 EL Zucker
20 g Butter

6 cl Kirschsaft
4 cl Aceto balsamico
50 ml Rotwein
Pfeffer

Für die Sauce
200 ml dunkler Kalbsfond (siehe
Grundrezept Seite 253)
Aceto balsamico
50 g Butter

Für das Kalbsfilet

400 g Kalbsfilet

Salz

Pfeffer

Olivenöl

50 g Petersilie, gehackt

200 ml Kalbsjus

Für die Artischocken

8 Babyartischocken

1 Schalotte

50 ml Olivenöl

20 ml Weißwein

30 g Butter

Salz

Pfeffer

Für den Salat

200 g gemischte Sprossen

50 ml Ingwerdressing

Kalbsfilet mit Artischocken

Das Kalbsfilet in vier Stücke schneiden, mit Salz und Pfeffer würzen und mit Olivenöl und Petersilie marinieren. Die Stücke zuerst fest mit Frischhaltefolie, dann mit Alufolie einwickeln. Die Kalbsfiletstücke in einem Dämpfeinsatz etwa 12 bis 14 Minuten garen. Danach 2 Minuten ruhen lassen.

Von den Artischocken harte Blätter und feste Blattspitzen sowie das Heu entfernen. Die Artischocken vierteln. Die Schalotte schälen und fein würfeln. Das Öl in einer Pfanne erhitzen und die Schalotte anschwitzen. Die Artischocken zugeben und andünsten. Mit Weißwein ablöschen und den Wein einkochen. Die Butter einrühren und die Artischocken weich garen. Mit Salz und Pfeffer würzen.

Zum Servieren das Kalbsfilet aus der Folie nehmen und halbieren. Die Kalbsjus mittig auf den Teller geben und das Kalbsfilet daraufsetzen. Die Artischocken rundherum legen. Die Sprossen mit Ingwerdressing marinieren und neben den Artischocken anrichten.

1 kg Spanferkelkarree mit Schwarte

Salz und Pfeffer

1 Möhre

1 kleine Stange Lauch

1 Zwiebel

3 EL Olivenöl

200 ml Weißwein

200 ml Kalbsjus

2 Rosmarinzweige

2 Thymianzweige

1 Stängel glatte Petersilie

Für die Rosmarinkartoffeln

4 große Kartoffeln

Salz

4 Rosmarinzweige

Butter

Pfeffer

Zum Garnieren

frische Kräuter (Auswahl nach Belieben)

Spanferkel mit
Rosmarinkartoffeln

Die Schweineschwarte mit einem Messer gitterförmig einritzen und die dünne Haut von den Knochen schaben. Das Karree mit Salz und Pfeffer würzen. Möhre, Lauch und Zwiebel putzen und würfeln.

Den Backofen auf 220 °C (Gas Stufe 4) vorheizen.

Öl in einer Kasserolle oder einem Bräter erhitzen und darin das Fleisch rundum scharf anbraten. Das Gemüse zugeben und das Ganze im vorgeheizten Ofen etwa 20 Minuten braten. Das Fleisch herausnehmen und ein paar Minuten ruhen lassen, dann portionieren.

Für die Sauce den Bratensatz mit Weißwein ablöschen. Kalbsjus zugeben und kurz aufkochen lassen. Den Sud durch ein feines Sieb passieren. Rosmarin, Thymian und Petersilie sehr fein zerkleinern und in die Sauce rühren.

Die Kartoffeln schälen, kleine Kugeln ausstechen und in Salzwasser blanchieren. In die Kugeln mit einem Zahnstocher ein Loch bohren und jeweils ein Stückchen Rosmarin durchschieben. In einer Pfanne die Butter zerlassen und die Kartoffelkugeln goldbraun braten. Mit Salz und Pfeffer würzen.

Zum Servieren das Fleisch mit den Rosmarinkartoffeln auf vorgewärmten Tellern anrichten. Mit Sauce umgießen und mit frischen Kräutern garnieren.

Bei diesem Spanferkel läuft mir das Wasser im Mund
zusammen – ich will das Maialino mit niemandem teilen!
Gesunder Egoismus, weil man erst erklären kann,
wie gut das ist, nachdem man es gegessen hat.

Mein Freund Luigi Veronelli, der unvergessene italienische Weinpapst, sagte: »Wein ist das Liebeslied der Erde an den Himmel.«

Für die Pistazienkruste die Butter in einem Topf schaumig rühren. Das Ei und das Eigelb einrühren. Pistazien, Weißbrotbrösel und die frischen Kräuter unterheben. Mit Salz und Pfeffer würzen. Die Buttermasse zu einer Rolle formen, in Klarsichtfolie einschlagen und gut durchkühlen lassen.

Für die Gemüsecannelloni aus Mehl, Eiern, Sahne, Milch und Salz einen glatten Teig rühren. Die Butter in einer Pfanne bräunen und lauwarm in den Teig einarbeiten. Aus dem Teig hauchdünne Crêpes backen. Auf einem Gitter abkühlen lassen.

Den Backofen auf 180 °C (Gas Stufe 3) vorheizen. Mit einem Messer die dünne Haut der Lammkarrees von den Knochen schaben. Salzen und pfeffern. Reichlich Öl in einer Kasserolle oder einem Bräter erhitzen und darin die Karrees rundum anbraten. Dann 10 Minuten im vorgeheizten Ofen garen. Herausnehmen und auf einem Gitter etwas abkühlen lassen. (Den Ofen nicht ausstellen.)

Die Spinatblätter blanchieren, kalt abschrecken, gut ausdrücken und auf einem Tuch ausbreiten. Die Crêpes mit Ratatouille bestreichen und mit Spinatblättern bedecken. Zu einer Roulade aufrollen und in Klarsichtfolie einschlagen, gut verschließen. In einem Dämpfeinsatz 5 Minuten dämpfen, aus der Folie nehmen und in Butter rundherum goldbraun braten.

Die durchgekühlte Pistazienbutterrolle in dünne Scheiben schneiden und damit die Lammkarrees bedecken. Die Karrees im Ofen 5 Minuten gratinieren.

Zum Servieren die Lammkarrees portionieren und auf vorgewärmten Tellern anrichten. Die Gemüsecannelloni diagonal aufschneiden und an das Fleisch setzen. Den Lammfond auf die Hälfte reduzieren, die Butter einrühren und dekorativ um das Fleisch und die Cannelloni träufeln. Mit gehackten Pistazien garnieren.

Für die Pistazienkruste

250 g weiche Butter

1 Ei

1 Eigelb

125 g geröstete gehackte Nola-Pistazien

50 g geriebenes altbackenes Weißbrot

je 1 TL Thymian, Rosmarin, glatte Petersilie und

Kerbel, alles fein zerkleinert

Salz

Pfeffer aus der Mühle

Für die Gemüsecannelloni

80 g Mehl

2 Eier

50 ml Sahne

50 ml Milch

1 Prise Salz

20 g Butter

8 große Spinatblätter

4 EL Ratatouille (siehe Rezept »Thunfisch-

schnitten mit Ratatouille und Kartoffelpüree

auf Rosmarinschaum« Seite 126)

Butter zum Ausbacken

2 Lammkarrees, je 500 g schwer

Salz und Pfeffer

Olivenöl

Zum Servieren

10 g kalte Butter

300 ml heißer brauner Lammfond (siehe

Grundrezept Seite 255)

gehackte Pistazien

Lammkarree mit
Pistazienkruste und
Gemüsecannelloni

Für die Polentastäbchen den Gemüsefond, Sahne, Butter und Rosmarin zusammen aufkochen und durch ein Sieb passieren.

Unter ständigem Rühren den Polentagrieß einrühren und bei niedriger Hitze 30 Minuten weitergaren. Gelegentlich umrühren. Den Parmesan und das Olivenöl unterrühren. Mit Salz und Pfeffer würzen.

Die Polentamasse bis zum Rand in ein tiefes Blech streichen und 2 Stunden kühl stellen. Die Polenta aus dem Blech nehmen und in gleich große Stäbchen schneiden.

Für die Füllung die Pilze putzen und in kleine Würfel schneiden. In einer Pfanne die Pilzwürfel in der Butter anbraten. Die Schalotten dazugeben und bei geringer Hitze anschwitzen. Die Tomatenwürfel und die Petersilie unterrühren und weiter braten, bis die gesamte Flüssigkeit verdampft ist. Mit Salz und Pfeffer würzen und erkalten lassen.

Die Lammrückenstücke der Länge nach halbieren. Ein Stück mit der Füllung belegen und mit dem zweiten Stück bedecken. Alles in ein Schweinenetz wickeln.

Lammrücken mit Waldpilzfüllung, Polentastäbchen und dicke Bohnen mit Bohnenschaum

Für den Bohnenkrautschaum die Sahne mit dem Bohnenkraut in einem kleinen Topf erhitzen. Auf die Hälfte einkochen, durch ein Sieb passieren und mit Salz und Pfeffer abschmecken.

Die dicken Bohnen in Salzwasser 2 Minuten blanchieren, dann im kalten Wasser abschrecken und im Sieb abtropfen lassen.

Vor dem Servieren den Lammrücken und die Polentastäbchen in einer Pfanne in Olivenöl von allen Seiten braun anbraten. Das Fleisch und die Polentastäbchen 5 bis 6 Minuten in den auf 180 °C vorgeheizten Backofen geben.

Die dicken Bohnen in einer heißen Pfanne in Olivenöl kurz anschwenken.

Einen breiten Streifen Lammjus in die Mitte eines flachen Tellers ziehen, unterhalb den Bohnenschaum anrichten. Oberhalb der Jus einen Polentastab geben und auf der anderen Seite die Bohnen in einer Linie legen. Das Fleisch etwas ruhen lassen, dann in dünne Scheiben schneiden und zwischen die beiden Saucenstreifen legen.

Für die Polentastäbchen

150 ml Gemüsefond

100 ml Sahne

10 g Butter

1 Rosmarinzweig

200 g Polentagrieß

2 EL Parmesan, gerieben

2 EL Olivenöl

Salz

Pfeffer

Für die Füllung

160 g gemischte Pilze

1 EL Butter

1 EL Schalotten, gehackt

1 EL getrocknete Tomaten, fein gewürfelt

1 EL Petersilie, gehackt

Für den Lammrücken

4 Lammrückenstücke à 80 g, pariert

1 Schweinenetz

2 EL Olivenöl zum Braten

Salz

schwarzer Pfeffer aus der Mühle

Für den Bohnenkrautschaum

200 ml Sahne

2 Bohnenkrautzweige

Für die dicken Bohnen

100 g dicke Bohnen

150 ml Lammjus

Die Lammhaxen von den äußeren Sehnen befreien und mit Salz und Pfeffer einreiben. Sellerie, Zwiebel und Möhren putzen und würfeln.

Den Backofen auf 200 °C (Gas Stufe 3) vorheizen.

Öl in einem Bräter erhitzen und darin die Haxen von allen Seiten anbraten. Herausnehmen und kurz beiseitelegen.

Das Gemüse mit dem Tomatenmark in den Bräter geben und 10 Minuten braten. Mit Rotwein ablöschen und aufkochen lassen. Lammfond, Thymian, Rosmarin, Lorbeerblatt, Sternanis und Knoblauch hinzufügen und zum Kochen bringen. Die Lammhaxen zugeben und das Ganze im geschlossenen Bräter etwa 1,5 Stunden im vorgeheizten Ofen schmoren, bis das Haxenfleisch sehr weich ist. Die Haxen entnehmen und den Bratsud durch ein feines Sieb passieren. In einen Topf geben und die Hälfte einkochen lassen. Die Sauce mit etwas kalter Butter binden.

Die Paprikaschoten vierteln, entkernen und auf ein Kuchenblech setzen und mit Olivenöl bestreichen. Thymian, Rosmarin und die zerdrückte Knoblauchzehe zugeben. Die Schoten im Backofen bei 200 °C (Gas Stufe 3) etwa 10 Minuten garen. Herausnehmen, abkühlen lassen, die Haut abziehen und das Fruchtfleisch in Streifen schneiden. In einer Pfanne etwas Olivenöl erhitzen und die Paprikastreifen darin schwenken, um sie zu erwärmen. Mit Salz und Pfeffer abschmecken.

Die Spinatblätter von den Stielen befreien und gründlich waschen. Öl in einer Pfanne leicht erhitzen und darin den Spinat anschwitzen. Mit Salz, Pfeffer und frisch geriebener Muskatnuss abschmecken.

Zum Servieren den Spinat auf vorgewärmten Tellern mittig platzieren und die Lammhaxe daraufsetzen. Rundum Paprikagemüse und Spinatgnocchi anrichten. Die Lammhaxe mit der Sauce übergießen.

Geschmorte Lammhaxe mit Gemüse und Spinatgnocchi

4 Lammhaxen
Pfeffer und Salz
4 EL Olivenöl
1 Sellerieknolle
1 Zwiebel
2 Möhren
1 EL Tomatenmark
200 ml Rotwein
1 l brauner Lammfond (siehe Grundrezept Seite 255)
1 Thymianzweig
1 Rosmarinzweig
1 Lorbeerblatt
1 Sternanis
4 Knoblauchzehen
1–2 EL kalte Butter

Für das Paprikagemüse
1 rote Paprikaschote
1 gelbe Paprikaschote

Olivenöl
1 Thymianzweig
1 Rosmarinzweig
1 zerdrückte Knoblauchzehe
Salz und Pfeffer

Für den Spinat
500 g frischer Blattspinat
Olivenöl
Salz und Pfeffer
Muskatnuss

Für die Spinatgnocchi
Zubereitung siehe Rezept »Dreierlei
Gnocchi« Seite 80)

Poulardenbrust mit Zitronen-Pfeffer-Sauce auf Mangoldgemüse

Für die Sauce

1 Schalotte

1 Zitrone

Butter

Weißwein

300 ml Sahne

Salz

Grob gemahlener Pfeffer

2–3 EL geschlagene Sahne

4 Poulardenbrüste

Salz und Pfeffer

Olivenöl

Für das Mangoldgemüse

1 kg Mangold

Salz

Saft von 1 Zitrone

50 g Butter

Pfeffer

Olivenöl

Den Backofen auf 180 °C (Gas Stufe 2) vorheizen.

Für die Sauce die Schalotte schälen und fein würfeln. Von der Zitrone einige Zesten abziehen und die Frucht auspressen. Etwa 2 Esslöffel Butter in einem Topf zerlassen und darin die Schalottenwürfel und die Zitronenzesten anschwitzen. Mit einem Schuss Weißwein ablöschen. Die Sahne zugießen und dicklich einkochen lassen. Mit Salz und Zitronensaft abschmecken. Mit Pfeffer abschmecken. Etwas Butter und geschlagene Sahne einrühren.

Die Poulardenbrüste von der Haut befreien. Mit Salz und Pfeffer würzen. Das Fleisch mit etwas Olivenöl in einer Grillpfanne scharf anbraten, dabei nach etwa 1 Minute so drehen, dass sich ein schönes »gebranntes« Muster abzeichnet. Anschließend die Poulardenbrüste in einen Bräter geben und etwa 8 bis 10 Minuten im vorgeheizten Ofen braten; das Fleisch sollte durchgegart, aber noch schön saftig sein.

Für das Gemüse die gründlich gewaschenen Mangoldblätter von den fleischigen Stielen trennen. Die gröbsten Fäden von den Stielen abziehen. Die Stiele in Rauten schneiden und in Salzwasser mit etwas Zitronensaft in kochendem Wasser blanchieren, damit sie beim Zubereiten nicht dunkel werden. In Eiswasser abschrecken und abtropfen lassen. Die Butter in einem Topf zerlassen und darin die Stielrauten anschwitzen. Die Blätter zugeben und schwenken, bis sie erwärmt und weich zusammengefallen sind. Mit Salz, Pfeffer und Olivenöl abschmecken.

Zum Servieren das Mangoldgemüse auf vorgewärmten Tellern anrichten und jeweils eine Poulardenbrust daraufsetzen. Mit etwas geschrotetem Pfeffer bestreuen und mit Sauce dekorativ überziehen.

Für das Selleriepüree

1 weiße Zwiebel

2 Knollen Sellerie

250 ml Geflügelbrühe (siehe Grundrezept

Seite 252)

500 ml Sahne

50 g Butter

Salz

Pfeffer

etwas Muskatnuss

2 Knoblauchzehen, gewürfelt

3 EL Tomatenmark

1 Flasche Barolo

1/2 Flasche roter Portwein

Für die Reduktion

10 Schalotten

1/2 Flasche Barolo

1/2 Flasche roter Portwein

2 Lorbeerblätter

In Barolo geschmorte Rinder-backen mit Selleriepüree

10 weiße Pfefferkörner

1 Zweig Thymian

50 g kalte Butter

Für die Sellerietaschen

50 g Staudensellerie

20 g Butter

10 g Petersilie, gehackt

Salz

Pfeffer

100 g Knollensellerie

Mehl

1 Ei, verquirlt

100 g Toastbrot, gerieben

Fett zum Frittieren

Zum Servieren

etwas Brühe

Kerbel für die Garnitur

Für die geschmorten Rinderbacken

2 bis 3 Rinderbacken

Salz

Pfeffer

Pflanzenöl zum Braten

Butter zum Braten

2 weiße Zwiebeln, gewürfelt

1 Staudensellerie, gewürfelt

2 Karotten, gewürfelt

Die Zwiebeln schälen und in feine Streifen schneiden. Den Sellerie ebenfalls schälen und grob würfeln. Die Butter in einem Topf erhitzen und die Zwiebelstreifen andünsten. Die Selleriewürfel dazugeben und mit dem Geflügelfond und der Sahne auffüllen. Den Sellerie zugedeckt weich kochen lassen. Dann alles in einem Mixer fein pürieren und mit Salz, Pfeffer und frisch geriebenem Muskat abschmecken.

Für die Sellerietaschenfüllung den Staudensellerie schälen, in kleine Würfel schneiden und in der Butter anschwitzen. Die Petersilie dazugeben, mit Salz und Pfeffer würzen und kalt stellen. Den Knollensellerie mit einer Aufschnittmaschine in 1,5 mm dünne Scheiben schneiden und mit einem Ausstecher Kreise mit ca. 4 cm Durchmesser ausstechen. Die Selleriescheiben kurz in siedendem Salzwasser blanchieren und in Eiswasser abschrecken. Die Scheiben auf einem Tuch abtropfen lassen. Je 1 Teelöffel der Füllung auf eine Hälfte der Scheiben geben und die andere Hälfte darüberschlagen. Die Taschen erst in Mehl wenden, dann durch das Ei ziehen und zum Schluss mit dem geriebenen Toastbrot panieren. In 160 °C heißem Fett goldbraun backen.

Die Rinderbacken von Fett und Sehnen befreien und mit Küchengarn zu einer festen Rolle binden. Das Fleisch mit Salz und Pfeffer würzen und etwas Öl in einem Topf erhitzen. Darin das Fleisch scharf anbraten, anschließend aus dem Topf nehmen und beiseitestellen. Etwas Butter in dem Topf, in dem das Fleisch angebraten wurde, zerlassen und darin die geputzten und gewürfelten Zwiebel, den Staudensellerie, die Karotten und die Knoblauchzehen ca. 15 Minuten gut anschwitzen. Das Tomatenmark mitrösten, bis eine tief dunkelrote Farbe entsteht. Alles mit einem Teil Barolo und Portwein ablöschen und fast restlos einkochen lassen. Diesen Vorgang öfter wiederholen. Die Rinderbacken dazugeben und mit Wasser auffüllen, sodass die Rollen bedeckt sind. Das Fleisch zugedeckt ca. 4 bis 5 Stunden bei schwacher Hitze gar und weich köcheln. Das Fleisch aus dem Topf nehmen und abkühlen lassen. Die entstandene Rinderbackenjus durch ein Sieb in einen Topf passieren und auf etwa ein Drittel reduzieren. Dabei mehrmals den sich bildenden Schaum mit einem Schaumlöffel entfernen.

Für die Reduktion die Schalotten schälen und grob würfeln. Etwas Butter in einer Pfanne erhitzen und die Schalotten darin anschwitzen. Den Barolo, den Portwein, Loorbeerblätter, Pfefferkörner und Thymian dazugeben. Etwa auf ein Drittel einkochen und mit der Rinderbackenjus auffüllen. Die Flüssigkeit einreduzieren, bis die Sauce eine kräftige Farbe und eine sämige Konsistenz erreicht hat. Zum Schluss die Sauce durch ein Sieb passieren und mit einem Schneebesen die kalte Butter einrühren.

Zum Servieren die Rinderbacken in ca. 1 cm dicke Scheiben schneiden und in einem Topf mit etwas Brühe erwärmen. Das Fleisch herausnehmen und gut abtropfen lassen. Die Scheiben auf einem vorgewärmten Teller mittig anrichten und mit der Reduktion überziehen. Mithilfe eines Esslöffels Nocken aus dem heißen Selleriepüree abstechen. Jeweils 3 Nocken um die Fleischscheiben anrichten, dazwischen je eine Sellerietasche setzen und mit etwas Kerbel dekorieren. Sofort servieren.

Keine
»Gastrokrämpfe«

Dein Atem fließt.

Du siehst die Welt mit entspanntem Blick.

Du siehst alles im äußeren und inneren Gleichgewicht.

Kein
unnötiger Ernst

Wir schaffen die Probleme selbst.

Wir sind gefangen: in unseren Vorstellungen, in unseren Erwartungen.

Ich habe keine Lösungen, weil ich keine Probleme habe. Oder, besser gesagt: Es gibt keine negativen Erfahrungen, sondern nur die Unfähigkeit, Erfahrungen zu nützen.

Mehl, Salz, Eier und Wasser zu einem festen Teig verkneten und kalt stellen.

Für die Haselnussnocken die Butter mit Zucker und Salz mit einem Handrührgerät schaumig schlagen.

Das Ei und das Eigelb einrühren. Den Quark, das geriebene Toastbrot und die Haselnüsse unterheben. Die Masse 1/2 Stunde kalt stellen.

Mithilfe von zwei Kaffeelöffeln Nocken abstechen und diese in Salzwasser 1 Minute aufkochen, dann 10 Minuten im heißen Wasser ziehen lassen.

Den Rehrücken mit Salz und Pfeffer würzen und mit den Bauchspeckscheiben einwickeln.

Den Salzteig etwa 1 cm dick ausrollen. Den Rehrücken in den Salzteig einschlagen und die Ränder mithilfe einer Gabel fest zusammendrücken.

Den Teig mit Eigelb bestreichen und im Backofen bei ca. 180 °C ca. 15 Minuten garen.

Auf 4 Tellern einen Spiegel Rehjus anrichten. Den Rehrücken aus dem Salzteig nehmen, in Scheiben schneiden und auf den Jusspiegel setzen. Die Haselnussnocken danebensetzen.

Rehrücken im Salzteig

Für den Salzteig

400 g Mehl

400 g Salz

3 Eier

125 ml Wasser

Für die Haselnussnocken

40 g Butter

10 g Zucker

2 g Salz

1 Ei

1 Eigelb

250 g Quark

70 g Toastbrot, gerieben

20 g Haselnüsse, gemahlen

Für den Rehrücken

400 g Rehrücken, pariert

50 g Bauchspeck, in dünne Scheiben

geschnitten

Salzteig (siehe oben)

Salz

Pfeffer

1 Eigelb

200 ml Rehjus

Für das Püree die Petersilie in kochendem Salzwasser blanchieren. Sofort in Eiswasser abschrecken. Die Petersilienblätter klein hacken und durch ein feines Sieb streichen. Die Sahne mit der Butter auf die Hälfte reduzieren und die Petersilienmasse beigeben. Mit Salz und geriebener Muskatnuss abschmecken. Die geschlagene Sahne unterheben und sofort servieren. 2 Esslöffel in die Farce unterrühren, den Rest beiseitestellen.

Taubenbrust mit Petersilienfarce und schwarzer Nusssauce

Für die Sauce die Nüsse in feine Scheiben schneiden und in ein paar Esslöffeln Geflügelfond erwärmen. Zum Marinieren beiseitestellen. Die Taubenkarkassen zerkleinern und mit dem Gemüse in einem großen Topf in 2 bis 3 Esslöffeln heißem Olivenöl anrösten. Mit Rotwein ablöschen und die Flüssigkeit auf ein Drittel einkochen lassen. Den restlichen Geflügelfond zugießen und das Ganze 30 Minuten köcheln lassen. Kräuter und Gewürze zugeben und den Sud weitere 10 Minuten leicht kochen lassen. Den Sud durch ein feines Sieb passieren, abkühlen lassen und entfetten. Den Sud in einem Topf erhitzen und auf etwa 200 Milliliter einkochen lassen. Mit kalter Butter binden. Mit der Nussmarinade abschmecken (die Nüsse aufheben).

Für das Gemüse die Petersilienwurzeln schälen und in 1 cm große Würfel schneiden. In Butter anschwitzen, mit dem Geflügelfond ablöschen und diesen fast vollkommen einkochen lassen. Mit Salz und Pfeffer abschmecken. Die Petersilie unterheben. Warm halten.

Den Backofen auf Oberhitze stellen und auf 160°C (Gas Stufe 1) vorheizen.

Die Taubenbrüste mit Salz und Pfeffer würzen und mit der grasgrünen Farce etwa 1 cm dick bestreichen. Auf ein gebuttertes Backblech setzen und im vorgeheizten Ofen 10 Minuten langsam rosa garen, dabei mehrmals mit zerlassener Butter übergießen. Die Taubenkeulen mit etwas Farce füllen und in einer Pfanne in Butter braten. Die Taubenbrüste aus dem Backofen nehmen und etwas ruhen lassen. Das Petersiliengemüse auf vorgewärmten Tellern mittig anrichten. Petersilienpüree, die schwarzen Nüsse zugeben und mit der Sauce glasieren. Taubenbrüste in Scheiben schneiden und auf das Gemüse setzen. Die gefüllte Keule dazulegen und mit Sauce beträufeln.

Für das Petersilienpüree

20 Bund krausblättrige Petersilie

40 g Nussbutter (gebräunte Butter)

200 g Sahne

Salz

Muskatnuss, gerieben

2 TL geschlagene Sahne

Für die Putenfarce

Zubereitung gemäß Grundrezept auf
Seite 220 (dafür 100 g Putenfleisch
nehmen)

Für die Sauce

5 schwarze Nüsse (siehe Grundrezept Seite 261)

300 ml Geflügelfond (siehe Grundrezept Seite 252)

1 Möhre, gewürfelt

1/2 Knollensellerie, gewürfelt

2 Schalotten, gewürfelt

Karkassen der Tauben (Bestandteile
der Tauben bis auf die Brüste und die
Keulen)

Olivenöl

100 ml Rotwein

2 Thymianzweige

1 Lorbeerblatt

5 schwarze Pfefferkörner

3 Wacholderbeeren

Butter

Für das Wurzelgemüse

6 mittelgroße Petersilienwurzeln

1 TL Butter

50 ml Geflügelfond
(siehe Grundrezept Seite 252)

Salz und Pfeffer

1 EL fein zerkleinerte Petersilie

Ausgelöste Brüste und
Keulen von 2 Tauben

Salz

Pfeffer aus der Mühle

Butter

2 Wildenten, jede etwa 800 g schwer

Salz und Pfeffer

Olivenöl

2–3 EL Butter

Für das Kartoffelpüree

300 g Kartoffeln

Salz

200 ml heiße Milch

30 g Butter

Pfeffer aus der Mühle

Muskatnuss

Für den Rote-Bete-Schaum

150 ml Weißweinsauce (siehe

Grundrezept Seite 259)

Rote-Bete-Saft

kalte Butter

Für die Chips

1 große Kartoffel

Olivenöl zum Frittieren

Für das rote Zwiebelconfit

3 rote Zwiebeln

1 EL Zucker

20 g Butter

20 ml Aceto balsamico

20 ml Rotweinessig

50 ml roter Portwein

300 ml Rotwein

Salz und Pfeffer

Zum Servieren

4 große hellgrüne Wirsingblätter

Butter

Wildente mit Kartoffelpüree und Kartoffelchips auf rotem Zwiebelconfit

Den Backofen auf 200 °C (Gas Stufe 3) vorheizen.

Die Enten ausnehmen, abflämmen und mit einer Pinzette die restlichen Kiele aus der Haut ziehen. Die Keulen und Flügel abtrennen, die Brüste auslösen. Brüste und Keulen mit Salz und Pfeffer würzen und in einem Bräter in heißem Olivenöl auf der Hautseite kross anbraten. Die Geflügelteile im vorgeheizten Ofen auf der Haut liegend garen, bis es durchgegart, aber noch sehr saftig ist. Herausnehmen, etwas Butter zugeben, Brüste und Keulen wenden und mit der aufschäumenden Butter übergießen. Vor dem Portionieren ein paar Minuten ruhen lassen.

Die Weißweinsauce erhitzen, etwas einkochen lassen und mit etwas Rote-Bete-Saft aromatisieren und färben. Kalte Butter in Flocken zugeben und die Sauce aufschlagen, bis sie sämig-schaumig ist.

Die Kartoffeln schälen und in Salzwasser garen. Abschütten, etwas ausdampfen lassen und durch die Kartoffelpresse drücken. Das Püree mit heißer Milch glatt rühren und die Butter in Flocken zugeben. Mit Salz, Pfeffer und frisch geriebener Muskatnuss abschmecken.

Für die Chips die Kartoffel schälen, in hauchdünne Scheiben schneiden und in reichlich Öl frittieren.

Für das Confit die Zwiebeln schälen und in feine Ringe schneiden. Zucker mit der Butter in einer Pfanne karamellisieren. Die Zwiebelringe einrühren und anschwitzen. Mit Aceto balsamico und Rotweinessig ablöschen. Portwein und Rotwein zugießen und fast vollkommen einkochen lassen. Mit Salz und Pfeffer abschmecken.

Aus den Wirsingblättern acht etwa 5 bis 6 cm große Scheiben ausstechen und in kochendem Salzwasser blanchieren. Zum Erwärmen in etwas heißer Butter schwenken.

Das Zwiebelconfit auf vorgewärmten Tellern mittig anrichten, etwas Kartoffelpüree daraufsetzen und mit einem Wirsingblatt bedecken. Darauf das aufgeschnittene Entenbrustfleisch geben und ebenfalls mit einem Wirsingblatt bedecken. Etwas Zwiebelconfit hinzufügen und mit einem Kartoffelchip abschließen. Jeweils eine Keule anlegen. Mit Rote-Bete-Schaum garnieren.

Maestri & Amici

Wer sind die Maestri? Die Maestri sind meine Mentoren, meine Lehrer – Menschen, die mein Leben begleitet haben und mich immer noch als Vorbilder täglich aufs Neue inspirieren. Jeder von uns sucht sich zwar seine Maestri, aber die Maestri kommen oft auch ganz einfach auf uns zu.

Uns Italienern ist die Familie sehr wichtig, ebenso wichtig wird uns im Laufe des Lebens aber auch die »andere«, erweiterte Familie, die wir uns selbst schaffen – die Menschen, die uns das Gefühl geben, dass wir nie allein sind. Ich hatte Glück, solchen Menschen zu begegnen – sie sind heute Teil dessen, was ich bin, sie sind Teil meiner Familie. Mit ihnen bin ich immer im Gespräch geblieben, und unser Dialog entwickelt sich ständig weiter.

Heinz Winkler

>> Mario ist ein neugieriger Mann – er beobachtet, sucht und denkt: Das kann man anders machen, anders kreieren. Mein erstes Bild, meine erste Erinnerung an Mario: ständig in Bewegung; so oft kam er in die Küche, und schaute und erkundigte sich, stellte Fragen über Fragen – er war sehr interessiert, aufgeschlossen, er hat sich ständig ›eingemischt‹.

Bald ist er ›Super-Mario‹ geworden, in meinem Team gab es ja einen zweiten Mario … Ich weiß noch, wie ich keine Ahnung davon hatte, dass Mario überhaupt kochen konnte! <<

Gualtiero Marchesi

>> Bei mir hat Mario in Mailand im Service gearbeitet – er kam immer zu mir in die Küche und sagte: Tutto bene! Tranquillo, alles in Ordnung! Alles im Griff! Ich war gelassen, weil ich wusste, dass Mario im Saal war. Die Gäste gaben enorm viel Geld aus – und sie kamen immer wieder.

Und das ist für mich eine seiner größten Stärken – er ist ein begnadeter ›Affabulatore‹, ein Unterhalter und Gesellschafter. Ich wusste, ich kann entspannt in der Küche arbeiten. Er kümmert sich um die Gäste, fürwahr keine einfache Aufgabe.

Dank seiner Leidenschaft für seinen Beruf – als Koch, der kein Koch ist – hat er seiner Küche einen eigenen Stil gegeben. <<

Claude Troisgros

»Die Troisgros-Dynastie: Sein Großvater war der erste Küchenchef, der – vor fast 40 Jahren – Fisch mit Rotwein kombinierte. Auch sein Vater Pierre ist Koch, ebenso wie sein Onkel. Zu zweit haben die Brüder das Restaurant der Familie Troisgros in Roanne zu einer der bekanntesten Gourmet-Adressen Frankreichs gemacht. Claude Troisgros führte das kulinarische Erbe seiner Familie in die Welt hinaus.«

Ugo Crocamo

Es ist Noch Kein Maister
Vom Himmel Gefallen
Aber aus Dir ist eine Geworden
für dein Neues Kochbuch
Alles Liebe Ugo

Heinz Beck

Carissimo Mario,
è sempre un grande piacere mangiare
da te.
Continua così e tanti auguri
 La affetto

2009

Christian Jürgens

Lieber Mario,

Ich wünsche Dir für die
nächste 15 Jahre und
danke für euere so für
bar alles Gute
dein Christian

Yannick Alléno

Yannick Alléno, mit drei Michelin-Sternen ausgezeichnet, kreiert die neue Pariser Küche. Dabei bewahrt er sorgfältig den ursprünglichen Geschmack seiner Produkte, die er größtenteils aus der direkten Pariser Umgebung bezieht, so wie einst die ersten Restaurants, die nach der Französischen Revolution eröffneten. Für mich ist er ein moderner Klassiker.

Norbert Niederkofler

Per Dario e tutto il
Team dell' Acquarello!

Le cose più sincere
nella vita sono
le cose più
semplici!

Con amicizia
Norbert Niederkofler

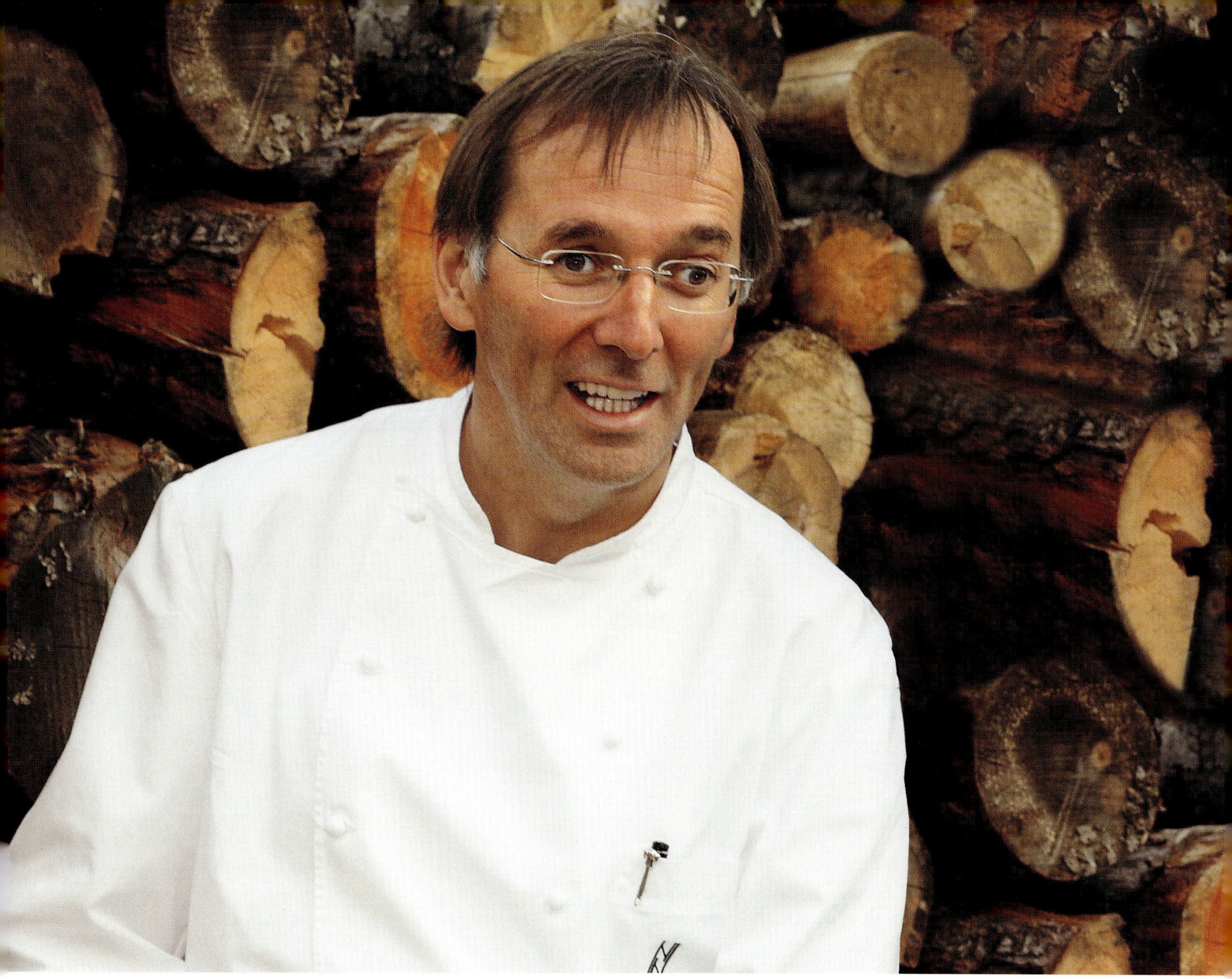

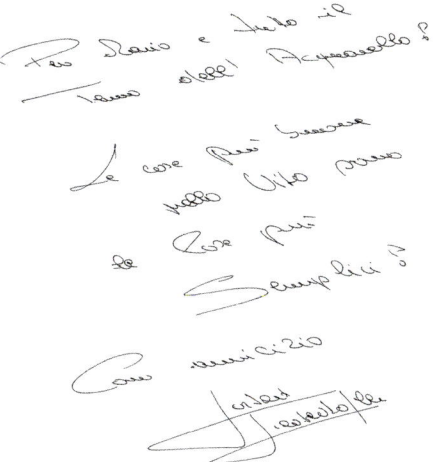

Yannick Alléno

Für die Blinis

60 g Milch

60 g flüssige Sahne

50 g Mehl

1 Eigelb

6 g Backpulver

2 Eiweiß

Zum Anrichten

2 Scheiben Rettich

4 kleine Scheiben Schalotten

40 g Kaviar

etwas Orangen- und Zitronenzesten

1/2 Bund Kerbel

Grüner Spargel im Räucherlachsmantel und Gewürzblinis mit Kaviar

Für den Spargel

12 grüne Spargelstangen

250 g Räucherlachs

1 l Sahne

3 g Agar Agar

3 Blatt Gelatine, eingeweicht und ausgedrückt

Für die Blinis in einer Schüssel die Milch, die Sahne, die Eigelb verrühren. Dann das Mehl und das Backpulver zugeben und kräftig aufschlagen. Den Teig 30 Minuten ruhen lassen. Die Eiweiß zu Eischnee schlagen und vorsichtig mit einem Schaber unter den Teig heben. Die Blinis in einer beschichteten Pfanne ausbacken, dabei einmal wenden.

Den Spargel schälen und in Salzwasser weich kochen und auf einem Tuch abtropfen und abkühlen lassen. In einer Kasserolle den Räucherlachs mit der Sahne aufkochen, dann bei niedriger Hitze ca. 30 Minuten ziehen lassen. Den Lachs mit der Sahne aufmixen, dann durch ein feines Sieb passieren. Die Lachscreme abbinden. Dazu in einen Liter Lachscreme 3 g Agar Agar und 3 Blatt Gelantine einrühren. Die Spargelstangen bis zu den Spitzen in die Lachscreme tauchen und abkühlen lassen.

Auf die Blini je ein Stück Rettich und eine Zwiebelscheibe legen. Darauf den Kaviar anrichten. Mit Orangen- und Zitronenzesten und Kerbel garnieren. Je 3 Spargelstangen auf einen Teller legen und auf jede Stange 3 Blinis setzen.

Heinz Beck

Tomatenmousse

500 g Kirschtomaten

2 Knoblauchzehen

150 g hartes toskanisches Brot

Thunfischcarpaccio

400 g Thunfischfilet

Avocadopüree

1 reife Avocado

etwas Zitronensaft

Salz

Olivenwaffeln

100 g schwarze Oliven aus Gaeta (Latium)

50 g Mehl

1 Eiweiß

Salz

Zum Anrichten

Salz

Olivenöl extra virgine

gemischte Salatblätter

Lauwarmes Thunfisch-carpaccio auf Tomatenmousse

Für die Tomatenmousse 20 Kirschtomaten kurz in kochendes Wasser geben und enthäuten. In Viertel schneiden, die Kerne entfernen und beiseitestellen. Die restlichen Tomaten waschen, mit Salz würzen und mit den Knoblauchzehen in einer Pfanne ca. 15 Minuten dünsten. Den Knoblauch entfernen, die Tomaten pürieren und durch ein feines Sieb passieren. Die Brotbrösel zufügen und alles mit einem Schneebesen kräftig zu einer homogenen Masse rühren. Dann die beiseitegestellten Tomatenstücke unterheben. Den Tomatenbrei in Portionen von je 35 g auf Backpapier geben. Mithilfe eines Plattiereisens flach ausbreiten und mit einer Schablone Kreise mit 15 cm Durchmesser formen.

Für das Thunfischcarpaccio das Thunfischfilet in dünne Scheiben schneiden. Die Thunfischscheiben in Portionen von jeweils 40 g zwischen zwei Backpapierstücke legen. Mithilfe eines Plattiereisens vorsichtig flach klopfen und mit einer Schablone Kreise mit 15 cm Durchmesser formen.

Für das Avocadopüree die Avocado schälen, in Stücke schneiden und mit etwas Zitronensaft und Salz würzen. Die Avocadostücke durch ein Sieb streichen und mit Alufolie zugedeckt in den Kühlschrank stellen.

Für die schwarze Oliven-Waffel die schwarzen Oliven zu einer Paste pürieren. Das Mehl, das Eiweiß und 1 Prise Salz zufügen und gut vermengen. Die Paste auf ein mit eingeöltem Backpapier ausgelegtes Blech dünn ausstreichen. Im vorgeheizten Backofen bei 130 °C ca. 20 Minuten backen. Die fertigen Waffeln in Stücke brechen.

Einen Kreis warmen Tomatenbrei in die Mitte des Tellers platzieren. Die Thunfischcarpacciokreise mit Olivenöl extra virgine und Salz würzen und auf den Tomatenbreikreis legen. Einen Klecks Avocadopüree daraufgeben. Mit gemischten Salatblättern und einer Olivenwaffel garnieren.

Christian Jürgens

Zitronen

4 Zitronen

500 g Zucker

1/2 l Wasser

Saft von 2 Zitronen

Zitronengras

2 Limettenblätter

1 Vanilleschote

Zitronensablé

40 g Eigelb

80 g Zucker

80 g weiche Butter

112 g gesiebtes Mehl

6 bis 7 g Backpulver

1 Prise Salz

Abrieb von 2 1/2 Zitronen

etwas Abrieb von 1 Limette

Kandierte Zitronen

Zitronenmousse

125 g Topfen (Quark)

65 g Zucker

1 3/4 Blatt Gelantine, eingeweicht

1/4 Vanilleschote, ausgekratzt

125 g geschlagene Sahne

Saft von 1 1/2 bis 2 Zitronen

Zitroneneis (Italienisches Eis)

225 g Läuterzucker

1/2 Abrieb von 1 Bio-Zitrone

50 g Zitronensaft

250 g Milch

Champagneraufguss

500 ml Zitronenfond vom Kochen der Zitronen

2 g Geliermittel (Tortenguss)

Zitronensaft

Champagner

Zitronengelee

500 ml Zitronenfond vom Kochen der Zitronen

10 g Geliermittel (Tortenguss)

Zitronensaft

Zum Servieren

Hawaii-Palm-Island-Salz

4 Minzeblättchen

Die Zitronen waschen und an einem runden Ende abschneiden. Die Zitronen aushöhlen, vollständig auskratzen und in kochendem Wasser blanchieren. 100 g Zucker in 500 ml Wasser rühren. Die Zitronen darin aufkochen und in der Flüssigkeit abkühlen lassen. Diesen Vorgang vier Tage lang einmal täglich wiederholen und jedes Mal 100 g Zucker zugeben. Am letzten Tag die Zitronen in einem Fond aus Wasser, dem Zitronensaft, dem Zitronengras, den Limettenblättern und der Vanilleschote kurz aufkochen, dann kalt werden lassen.

Für das Zitroneneis den Läuterzucker, Zitronenabrieb, Zitronensaft und Milch verrühren und in einer Eismaschine frieren.

Für die Zitronenmousse den Topfen, Zucker, Vanillemark und Zitronensaft verrühren. Die Gelantine in etwas Wasser auflösen und einrühren. Anschließend die geschlagene Sahne unterheben.

Für den Zitronensabléteig die Eigelb und Zucker schaumig schlagen, dann die weiche Butter zugeben. Mehl, Backpulver, Salz und Zitronenabrieb zufügen und alles zügig zu einem Teig verarbeiten. Dann kalt stellen. Den Teig zwischen zwei Backpapierstücken ausrollen und kalt stellen. Die benötigte Menge abschneiden und im vorgeheizten Backofen bei 180 °C ca. 5 Minuten backen. Dann den Teig in ca. 30 cm lange Streifen schneiden und weitere 5 Minuten fertig backen. Mit in Zucker gewälztem Limettenabrieb und Zitronenresten garnieren.

Für den Champagneraufguss den Zitronenfond mit dem Geliermittel abbinden, durch ein Sieb passieren und auf Eis kalt werden lassen. Den Fond nach Belieben mit Zitronensaft und Champagner abschmecken.

Für das Zitronengelee den Fond mit dem Geliermittel abbinden und mit Zitronensaft abschmecken.

Zum Servieren die Zitronen aus dem Fond nehmen, abtropfen lassen und mit der Zitronenmousse füllen. Die Mousse fest werden lassen. Mit einem Löffel eine Mulde in die Mousse stechen und diese mit Eis auffüllen.

Die Zitrone umdrehen und auf die abgeschnittene Seite stellen. Mit dem Zitronengelee übergießen und auf den Teller setzen. Den Sablé an die Seite legen und mit Limettenabrieb garnieren. 2 EL Champagneraufguss über die Zitrone geben. Mit wenig Hawaii-Palm-Island-Salz bestreuen und mit Minzeblättchen garnieren.

Gualtiero Marchesi

15 g Zwiebel, gewürfelt

200 ml trockener Weißwein

75 ml Aceto balsamico

100 g Butter

280 g Risottoreis Carnaroli

2 g Safranfäden

20 g Parmesan

1 l leichte Brühe

Salz

Essbare Goldfolie

Reis, Gold und Safran

In einer Kasserolle die Zwiebel in 150 ml Weißwein und dem Aceto balsamio dünsten, bis der Alkohol verdampft ist und nur die Säure übrig bleibt.

Die Butter unter die Zwiebeln rühren, um eine sogenannte saure Butter zu erhalten. Die flüssige Butter durch ein Sieb passieren, um die festen Zwiebelteile herauszufiltern.

60 g der Butter in einer Kasserolle erhitzen und darin den Carnarolireis 1 Minute andünsten. Mit 50 ml Weißwein ablöschen und die Flüssigkeit verdampfen lassen.

Mit der Brühe aufgießen, die Safranfäden zufügen und den Reis ca. 18 Minuten bissfest kochen.

Kurz vor Ende der Kochzeit den Parmesan und die restliche saure Butter einrühren.

Den Reis auf Teller anrichten und mit Goldfolie garnieren.

Claude Troisgros

Apfelkompott

4 grüne Äpfel, geschält und gewürfelt

50 g Zucker

50 g Butter

2 Gewürznelken, ganz

2 Sternanis

1 Zimtstange

etwas Zitronensaft

Salz

Heart of Palm

4 Palmherzen

2 EL Butter

Salz

Pfeffer

Foie gras

4 Scheiben Gänseleber à 80 g

Salz

Pfeffer

Foi gras
»Os a Moelle«

In einem Topf den Zucker erhitzen und karamellisieren. Die Butter und die Apfelwürfel zufügen. Gewürznelken, Sternanis, Zimtstange und Zitronensaft zugeben. Die Apfelwürfel zugedeckt bei niedriger Hitze weich köcheln, bis die Flüssigkeit eingekocht ist. Mit Salz abschmecken.

Die Palmherzen mit Salz und Pfeffer würzen und einzeln mit 1/2 EL Butter in Alufolie einwickeln. Die Herzen im auf 180 °C vorgeheizten Backofen ca. 40 Minuten weich garen. Aus der Folie nehmen und in 5 cm große Stücke schneiden und das Innere herausschneiden.

Die Gänseleber mit Salz und Pfeffer würzen und in einer beschichteten Pfanne von beiden Seiten anbraten. Auf Küchenpapier abtropfen lassen und in Würfel schneiden. Nach Geschmack nochmals würzen.

Die Palmherzen zur Hälfte mit Apfelkompott füllen. Die Gänseleberwürfel daraufgeben und fest hineindrücken. In die Mitte einen Teelöffel stecken, sodass das Ganze wie eine italienische Ossobuco aussieht. Mit frittiertem Quinoa bestreuen.

Mozzarella in Carrozza mit Sardellen

100 g Sellerie

80 g Milch

80 g Sahne

120 g Sardellenfilets

30 g Saubohnen

100 g Mozzarella

20 g Sardellenpaste

50 g frischer Blätterteig

1 Ei

50 g Paniermehl

Samenöl zum Frittieren

Burrata und Ricci di Mare – Burrata und Seeigel

40 g Seeigelfleisch

1/2 Limette

50 g Limettenöl

etwas Peperoncino-Pulver

Salz

20 g Sahne

1 Blatt Brik-Teig

10 g geklärte Butter

50 g Burrata

Bufala e Mare

Mozzarella mit geräuchertem Aal und süß-saurer Zwiebel

10 Lauchzwiebeln

20 g Butter

50 g Zucker

100 g Mozzarella

20 g Apfelessig

50 g Geflügelfond

80 g geräucherter Aal

20 g Bansankan-Nippon-Sauce

Burrata mit sizilianischen Gamberi

8 sizilianische rote Gamberi, küchenfertig

Zesten von 1/2 Limette

50 g kalt gepresstes Olivenöl

einige Tropfen Sake

Salz

Pfeffer aus der Mühle

180 g Burrata

Mozzarella in Carrozza mit Sardellen

Den Sellerie in Würfel schneiden und mit der Milch, der Sahne und 80 g Sardellenfilets bei 90°C im Vakuumbeutel kochen. Anschließend aus dem Vakuum nehmen und pürieren.

Die Saubohnen in siedendem Wasser blanchieren, dann in Eiswasser abschrecken und schälen.

Den Mozzarella klein würfeln, mit der Sardellencreme bestreichen und in den Blätterteig einschlagen. Die Blätterteigtasche mit verquirltem Ei bepinseln, in Paniermehl wälzen und in dem auf 160 °C erhitzten Samenöl frittieren.

Die panierte Blätterteigtasche auf der Selleriecreme anrichten und mit den Saubohnen und den restlichen Sardellenfilets garnieren.

Mozzarella mit geräuchertem Aal und süß-saurer Zwiebel

Die Lauchzwiebel in Streifen schneiden. Die Butter mit dem Zucker in einer Pfanne karamellisieren und die Lauchzwiebel hineingeben. Mit dem Apfelessig ablöschen und mit der Geflügelbrühe auffüllen und weich dünsten.

Den Mozzarella würfeln und abtropfen lassen.

Den Aal würfeln, mit der Nippon-Sauce glacieren und warm stellen, damit er weich wird.

Zum Anrichten die Lauchzwiebeln mit dem Mozzarella und dem Aal belegen.

Burrata und Ricci di Mare – Burrata und Seeigel

Das Seeigelfleisch grob hacken. Die Hälfte des Seeigelfleischs mit dem Saft der Limette und dem Limettenöl mit dem Pürierstab mixen. Mit etwas Peperoncino-Pulver und Salz abschmecken. Danach mit der Sahne vermengen.

Aus dem Brik-Teig 4 Streifen von je 1 cm Breite ausstechen. Jeden Streifen um einen mit geklärter Butter bepinselten Metallring legen und im auf 200 °C vorgeheizten Backofen 7 Minuten backen.

Den Burrata fein hacken und etwas abtropfen lassen. Die Würfel in die gebackenen Brik-Teig-Ringe setzen und mit je 1 Nocke Seeigelpaste garnieren.

Auf der Burrata den krossen Brikteig Ring setzen und mit einer kleinen Nocke von der Seeigelpaste garnieren. Das restliche Seeigelfleisch mit Limettensaft, Salz und Peperoncino-Pulver abschmecken und daraufgeben.

Burrata mit sizilianischen Gamberi

Die Gamberi halbieren. Das Olivenöl mit der Limettenschale und dem Sake verrühren und über die Gamberi geben. Mit Salz und Pfeffer abschmecken.

Den Burrata würfeln und abtropfen lassen. Die Gamberi daraufgeben.

Ugo Crocamo

Pizzateig Nr.1 (einfach)

1 l lauwarmes Wasser

2080 g Mehl

80 g Salz

7 g Hefe

100 ml Olivenöl Extra Vergine

50 ml Pflanzenöl

Auswahl für den Belag

Galbani Mozzarella trocken (klein gewürfelt)

Pelati-Tomaten (feines Püree aus 2 kg Pelati-Tomaten und 60 g Salz)

Olivenöl Extra Vergine

Aceto Balsamico

Basilikum

Rucola

Parmaschinken

Ugos Pizzen

Pizzateig Nr. 2

920 ml lauwarmes Wasser

80 ml schwarze Tinte

2080 g Mehl

80 g Salz

12 g Hefe

100 ml Olivenöl Extra Vergine

50 ml Pflanzenöl

Sashimi (kleine Filets)

Frühlingszwiebeln

Koriander

Hummer

Knoblauch

Petersilie

Trüffel aus Alba

Pizzateig Nr. 3

1 l lauwarmes Wasser

2080 g Maismehl (sehr fein)

80 g Salz

7 g Hefe

100 ml Olivenöl Extra Vergine

50 ml Pflanzenöl

Das Salz im lauwarmen Wasser auflösen, anschließend die Hefe dazugeben.

Das zusätzliche Olivenöl, Pflanzenöl und Mehl ebenfalls in das Wasser geben.

Wenn die Pizza zum Servieren bereit steht – je nach Variation – wird diese nochmals mit Ölivenöl, Basilikum (Margherita), Olivenöl und Balsamico (Parma Rucola), Koriander, Frühlingszwiebeln, Balsamico, Kirschtomaten und Olivenöl (Sashimi), Trüffelöl (Trüffel), Knoblauch Petersilie (Hummer) und Olivenöl (Hummer) verfeinert.

Den Ofen auf 380 °C vorheizen und die Pizza darin ca. 3 Minuten backen.

400 g Penne (Fertigprodukt)

1 Knoblauchzehe

400 g Tomaten

2–4 rote Peperoni

80 g Butter

Salz

Pfeffer

Olivenöl

frisch geriebener Parmesan

Petersilie zum Garnieren

Penne nach Art von Brigitte

Die Penne nach Packungsanleitung al dente kochen.

In der Zwischenzeit den geschälten, gewürfelten Knoblauch in Olivenöl anschwitzen und die gewürfelten Tomaten und Peperoni (nach Belieben von den Kernen befreit) dazugeben. Mit Salz und Pfeffer würzen, die Butter beifügen und zugedeckt etwa 20 Minuten köcheln lassen. Die Tomatensauce durch ein Sieb passieren und abschmecken. Über die abgetropften Penne geben, den Parmesan darüberhobeln und mit einigen Blättchen Petersilie garnieren.

Brigitte Gattringer, Architektin des neu gestalteten Acquarello und leidenschaftliche Köchin: wenige Zutaten von höchster Qualität, einfache Zubereitung, höchster Geschmack.

Für das Avocadosoufflé

90 g Magerquark

90 g Avocado

3 Eigelb

4 Eiweiß

35 g Zucker

Zucker und Butter für die Formen

Für das Schoko-Ingwer-Sorbet

400 ml Wasser

10 g geriebener Ingwer

50 g Zucker

100 g dunkle Kuvertüre

50 g weiße Kuvertüre

20 g Kakao

Für die Schokosauce

100 ml Sahne

100 ml Milch

100 g dunkle Kuvertüre

20 g Ingwer, geschält

Piment

Für das Avocadosoufflé den Quark mit der Avocado und den Eigelb verrühren. Das Eiweiß mit dem Zucker steif schlagen. Die Masse vorsichtig unter die Avocado-Quark-Masse heben.

Vier Souffléformen mit Butter ausfetten und mit Zucker ausstreuen. Für ein Wasserbad in einem flachen Topf Wasser zum Kochen bringen. Die Souffléformen hineinstellen und bei 165 °C etwa 15 Minuten backen.

Avocadosoufflé mit Schoko-Ingwer-Sorbet und Schokosauce

Für das Schoko-Ingwer-Sorbet das Wasser mit dem Ingwer und dem Zucker aufkochen lassen und die Kuvertüre sowie den Kakao darin auflösen. Durch ein feines Sieb passieren und in eine Eismaschine geben.

Für die Schokosauce die Sahne und die Milch zusammen mit dem klein geschnittenen Ingwer aufkochen und die Kuvertüre darin auflösen. Die Sauce durch ein Sieb passieren und mit Piment abschmecken.

Zum Servieren die Sauce mittig auf die Teller geben und die Soufflés vorsichtig auf die Teller stürzen. Eine Nocke Schoko-Ingwer-Sorbet zugeben.

Den Backofen auf 200 °C (Gas Stufe 3) vorheizen.

Den Ricotta mit den Eigelben verrühren. Orange waschen, Schale abreiben und unter die Ricotta-Eigelb-Mischung rühren. Die Orange beiseitelegen.

Das Eiweiß mit dem Salz steif schlagen und den Zucker in kleinen Portionen vorsichtig hinzufügen. Die Masse unter die Ricotta-Eigelb-Mischung heben. Souffléformen großzügig mit Butter ausfetten und mit Zucker ausstreuen. Für ein Wasserbad in einem flachen Topf Wasser zum Kochen bringen. Die Souffléformen hineinstellen und in den vorgeheizten Ofen schieben. Die Soufflés 20 Minuten backen, bis sie schön aufgegangen sind.

Ricottasoufflé mit Birnensauce

Für die Sauce die Birnen schälen, die Kerngehäuse entfernen und das Fruchtfleisch grob zerklcinern. Die Birnenstücke mit Weißwein, Zucker und Vanilleschote weich kochen. Die Schote entfernen und die Birnenmasse im Mixer pürieren. Durch ein feines Sieb passieren und mit Zitronensaft abschmecken. Kalt stellen.

Zum Servieren die Orange sauber schälen und filetieren. Die Sahne halb steif schlagen. Mit der Birnensauce jeweils einen Spiegel auf die Teller gießen und diesen mit der halb steif geschlagenen Sahne einrahmen. Mithilfe eines Zahnstochers ein Muster ziehen. Mit Orangenfilets, Minze und Puderzucker garnieren. Zum Schluss die Soufflés vorsichtig jeweils in die Mitte stürzen. Sofort servieren.

Für das Soufflé

180 g Ricotta

3 Eigelb

1 Orange

4 Eiweiß

1 Prise Salz

50 g Zucker

Butter zum Einfetten der Formen

Zucker zum Ausstreuen der Formen

Für die Sauce

500 g Birnen

200 ml Weißwein

100 g Zucker

1 Vanilleschote

Saft von 1 Zitrone

Zum Servieren

50 ml Sahne

Minze

Puderzucker

Pastiera Napoletana
von Vincenzo D'Orta

Für die Crème Pâtissière

1 Eigelb
50 g Zucker
1 EL Mehl oder Puddingpulver
Mark von 1/2 Vanilleschote
abgeriebene Schale von 1/2 Zitrone
1/4 l Milch

Für die Füllung

1/2 Dose vorgekochter Weizen (in italienischen
Feinkostgeschäften erhältlich)
50 ml Milch
15 g Butter
Abgeriebene Schale von 1/2 Zitrone
350 g Ricotta
150 g Zucker
3 Eier
1 Eigelb

Mark von 1/2 Vanillestange
1/2 EL Orangen- oder Tausendblütenwasser
(in der Apotheke erhältlich)
Zimt
20 g Zitronat

Für den Mürbeteig

150 g Mehl
50 g Puderzucker
60 g Butter
Mark von 1/2 Vanilleschote
1 Prise Salz
abgeriebene Schale von 1/2 Zitrone
1 Ei
Butter und Mehl für die Arbeitsfläche und
die Springform

Zum Garnieren

3–4 EL Ricotta
Fruchtpüree oder -sauce (nach Belieben)
Früchte (nach Belieben)

Für die Creme das Eigelb mit Zucker und Mehl in einem kleinen Topf gründlich verrühren. Das Vanillemark und die abgeriebene Zitronenschale zugeben. Die Milch nach und nach einrühren. Die Mischung langsam zum Kochen bringen, 3 Minuten köcheln lassen und durch ein Sieb passieren. Abkühlen lassen.

Für die Füllung den Weizen mit der Milch, Butter und der abgeriebenen Zitronenschale in einem Topf köcheln lassen, bis eine cremige Konsistenz entsteht. Abkühlen lassen, dann die restlichen Zutaten in der Küchenmaschine verrühren und unter die Creme heben.

Für den Teig Mehl und Puderzucker in eine Rührschüssel sieben. Bis auf das Ei die restlichen Zutaten zugeben und mit den Knethaken (der Küchenmaschine oder des Rührgerätes) gründlich vermengen. Das Ei hinzufügen und rasch einarbeiten. Den Teig in Frischhaltefolie einwickeln und 30 Minuten im Kühlschrank ruhen lassen.

Den Backofen auf 180 °C (Gas Stufe 2) vorheizen.

Den Teig auf einer bemehlten Arbeitsfläche ausrollen. Eine eingefettete und bemehlte Springform (Durchmesser etwa 16 cm) mit dem Teig auskleiden; dabei einen 3 bis 4 cm hohen Teigrand formen. Zum Blindbacken den Teig (samt Teigrand) mit Backpapier bedecken und trockene Hülsenfrüchte (Linsen, Erbsen, Bohnen) einfüllen. Im vorgeheizten Ofen etwa 15 bis 20 Minuten vorbacken, bis der Teig hellgelb ist. Backpapier und Hülsenfrüchte entfernen. Die Backofentemperatur auf 150 °C (Gas Stufe 1) absenken.

Auf dem Teigboden eine etwa 1 cm hohe Schicht der Crème Pâtissière ausstreichen. Die Füllung hinzufügen und deren Oberfläche glatt streichen. Die Torte etwa 1 Stunde im Ofen backen, bis die Füllung goldgelb und schnittfest ist. Auf einem Kuchengitter kalt werden lassen (erst nach dem Erkalten aufschneiden).

Zum Servieren die Tortenstücke auf Tellern anrichten und mit verquirltem Ricotta ein Gitter ziehen. Nach Belieben ein Fruchtpüree oder eine fruchtige Sauce dazu reichen. (Püree oder Sauce aus Pfirsichen oder Mangos schmeckt am besten dazu.)

Granités

Zitronen-Granité

100 g Zucker

Saft und Schale von 4 Zitronen

40 ml Limoncello (italienischer Likör)

Kaffee-Granité

50 g Zucker

200 ml Kaffee

20 ml Kahlua (Kaffeelikör)

Orangen-Granité

400 ml Orangensaft

100 g Zucker

1 Anisstern

1 Gewürznelke

40 ml Grand Marnier

Für die kandierte Orange

1 Orange (unbehandelt!)

50 g Zucker

Für das Minze-Granité

1/2 Bund Minze

150 g Zucker

60 ml Minzelikör

Kirsch-Granité

300 g Kirschen

200 ml Kirschsaft

100 g Zucker

1 Gewürznelke, 1 Zimtstange

1 Prise Kardamom

40 ml Kirschwasser

Für das Zitronen-Granité 400 Milliliter Wasser, Zucker, Saft und abgeriebene Schale der Zitronen in einem Topf aufkochen lassen. Mit Limoncello abschmecken und einfrieren.

Für das Kaffee-Granité 200 Milliliter Wasser, Zucker und Kaffee in einem Topf aufkochen lassen. Mit Kahlua abschmecken und einfrieren.

Für das Orangen-Granité Orangensaft, Zucker mit Anis und Nelke in einem Topf aufkochen. 10 Minuten ziehen lassen. Mit Grand Marnier abschmecken, durch ein Sieb gießen. und einfrieren.

Für die kandierten Orangen die Frucht in feine Scheiben schneiden und mit Zucker bestreuen. Auf ein mit Backpapier überzogenes Backblech legen und bei 70 °C (Gas kleinste Stufe) etwa 5 Stunden trocknen; dabei die Ofentür einen Spalt geöffnet lassen.

Für das Minze-Granité die Minze grob schneiden und mit 400 Milliliter Wasser und Zucker aufkochen lassen. Das Ganze im Mixer pürieren und durch ein feines Sieb passieren. Mit Minzelikör abschmecken und einfrieren.

Die Kirschen entkernen (nach Belieben einige fürs Garnieren beiseitelegen). Die Früchte mit 100 Milliliter Wasser, Kirschsaft, Zucker, Nelke, Zimtstange und Kardamom in einem Topf aufkochen lassen. 10 Minuten ziehen lassen. Nelke und Zimtstange entfernen und die Mischung im Mixer pürieren. Durch ein feines Sieb passieren, mit Kirschwasser abschmecken und einfrieren.

Wichtig: Jedes Granité zum Einfrieren in ein separates flaches Gefäß geben. Abkühlen lassen, bevor man die Gefäße in das Tiefkühlgerät gibt. Während des Einfrierens alle 30 Minuten mit einer Gabel umrühren, bis jedes Granité zu großen Kristallen erstarrt ist.

Zum Servieren die Granité-Sorten in gekühlte Portionsschälchen abfüllen (oder dekorativ in kleinen Portionen auf gekühlte Teller setzen) und mit kandierten Orangenscheiben, Kirschen oder ganz nach Belieben zu den einzelnen Granité-Sorten passend garnieren.

Für die Cassata die kandierten Früchte 3 bis 4 Stunden in Kirschwasser und Rum einlegen. Zucker, Eigelb, Vanille und Orangensaft in eine Schüssel geben und im Wasserbad unter ständigem Schlagen erwärmen (der Zucker muss sich vollkommen aufgelöst haben). Die Schüssel aus dem Wasserbad nehmen und die Masse weiter schlagen, bis sie abgekühlt ist. Die Früchte mit der Flüssigkeit einrühren. Die Pistazien unterheben und das Ganze mit steif geschlagener Sahne verrühren. In beliebige Formen abfüllen, etwa 2 Stunden im Tiefkühlgerät gefrieren lassen.

Cassata auf Nola-Pistazienpesto

Für den Pesto 50 Milliliter Wasser mit Zucker zu einem Sirup verkochen. Abkühlen lassen. Den Sirup mit den Minzeblättern, Pistazien und dem Grand Marnier im Mixer pürieren. Die Kuvertüre fein reiben und zugeben. Zum Schluss ein paar Tropfen Olivenöl einrühren.

Den Zucker mit dem Zitronensaft in einer Pfanne karamellisieren. Etwas abkühlen lassen und mit einer Gabel feine Fäden spinnen.

Zum Servieren den Pistazienpesto auf gekühlten Tellern mittig anrichten. Die Cassata aus den Formen stürzen, portionieren und auf den Pistazienpesto geben. Mit den Zuckerfäden garnieren.

Für die Cassata

200 g kandierte Früchte

(Auswahl nach Belieben)

4 cl Kirschwasser

2 cl Rum

180 g Zucker

6 Eigelb

Mark von 1 Vanilleschote

Saft von 1 Orange

50 g fein gehackte Nola-Pistazien

600 ml Sahne

Für den Pistazienpesto

50 g Zucker

1/2 Bund Minze

80 g Nola-Pistazien

50 g weiße Kuvertüre

4 cl Grand Marnier

Natives Olivenöl extra

Zum Garnieren

100 g brauner Zucker

Saft von 1/2 Zitrone

Nach diesem Dessert bitte sofort aus Leibeskräften
das Lied »Volare« schmettern!

600 g Mandarinen

4 cl Grand Marnier

Saft von 1 Zitrone

100 g Zucker

2 Blätter Gelatine, eingeweicht

2 Sahnekapseln

frische Minzeblätter

Zesten von 1 Mandarine

Mandarinenmousse

Die Mandarinen auspressen und den Saft mit Grand Marnier und Zucker erwärmen. Den Zitronensaft zugeben. Die ausgedrückte Gelatine darin auflösen. Abkühlen lassen und in einen Sahnebereiter (zum Beispiel den »Easy Whip«) füllen. Zwei Sahnekapseln einschrauben, kräftig schütteln. Den Sahnebereiter (Tülle nach unten gerichtet) ein paar Stunden, besser noch über Nacht in den Kühlschrank stellen.

Vor dem Servieren die Konsistenz der Mousse prüfen; sollte sie zu weich sein, eine weitere Kapsel einschrauben.

Zum Servieren die Mousse dekorativ auf gekühlte Teller spritzen. Mit Minzeblättern und Mandarinenzesten garnieren.

Gefüllte Datteln auf Nougatsauce an Kaffeemousse

Die Datteln schälen, längs halbieren, vorsichtig aufbiegen und den Kern herauslösen. Beiseitelegen.

Für die Mousse die eingeweichten Kaffeebohnen abschütten, dabei die Sahne in einer Schüssel auffangen und steif schlagen. Die Kuvertüre im Wasserbad schmelzen. Ebenfalls im Wasserbad das Ei, das Eigelb mit dem Zucker und dem Espresso über dem Wasserbad unter ständigem Rühren mit einem Schneebesen erwärmen. Die ausgedrückte Gelatine darin auflösen und die Kuvertüre einrühren. Abkühlen lassen und die Sahne nach und nach unterheben. In den Kühlschrank stellen.

Für die Sauce 125 Milliliter Sahne mit der Vanilleschote in einem Topf aufkochen lassen. Die Schote entfernen. Die Eigelbe mit dem Zucker in einer Schüssel verrühren. Ins Wasserbad stellen und langsam unter ständigem Rühren oder Schlagen die heiße Sahne zugießen. Den Nougat im Wasserbad auflösen und mit der restlichen Sahne verrühren. Die Nougat-Sahne-Mischung unter die Sauce heben. Abkühlen lassen.

Zum Servieren die Nougatsauce auf gekühlten Tellern jeweils zu einem Spiegel gießen und mit der halb steif geschlagenen Sahne ein Muster ziehen. Die Dattelhälften mit Kaffeemousse füllen und sternförmig anrichten. Mit Minze garnieren und Puderzucker bestäuben.

10 frische Datteln

Für die Kaffeemousse
200 g Kaffeebohnen, über Nacht in 500 ml
Sahne eingeweicht
150 g weiße Kuvertüre
1 Ei
1 Eigelb
50 g Zucker
1 Tässchen Espresso
3 Blatt Gelatine, eingeweicht

Für die Nougatsauce
225 ml Sahne
1/2 Vanilleschote
3 Eigelb
30 g Zucker
30 g Nougat

Zum Garnieren
40 ml halb steif geschlagene Sahne
frische Minzeblätter
Puderzucker

12 Kirschtomaten

Für das Bananenragout

50 g Zucker

4 cl Grand Marnier

1/2 Flasche weißer Portwein

1 Schote Tahiti-Vanille

Saft von 2 Limonen

3 reife Bananen

150 g Crème fraîche

30 g Puderzucker

Für das Basilikum-Eis

125 ml Milch

125 ml Sahne

1 Topf Basilikum

2 Eigelb

50 g Zucker

Die Kirschtomaten blanchieren und enthäuten. Am Stielansatz waagrecht ein Stückchen abschneiden und die Samen mithilfe eines sehr kleinen Löffels vorsichtig entfernen. Beiseitelegen.

Für das Bananenragout in einer Pfanne den Zucker karamellisieren und mit Grand Marnier sowie Portwein ablöschen. Die Vanilleschote längs halbieren, auskratzen und mit dem Limonensaft in den Sud geben. Den Sud so lange einkochen lassen, bis eine dickliche Sauce entstanden ist. Die Bananen in feine Würfel schneiden und in die Sauce geben.

Crème fraîche und Puderzucker verrühren.

Kirschtomaten mit Bananenragout gefüllt auf Basilikum-Eis

Für das Basilikum-Eis die Milch, die Sahne und zwei Drittel der abgezupften Basilikumblätter in einen Topf geben und erhitzen. Die Eigelbe mit dem Zucker schaumig schlagen und in die Milch-Sahne-Mischung einrühren. Die Mischung in einen Topf geben und unter ständigem langsamem Rühren mit einem Holzlöffel zur Rose abziehen, das heißt, bis sich auf dem Rücken des Holzlöffels eine Art Rose bildet, wenn man in die Masse bläst. Wenn es so weit ist, den Topf schnell vom Herd ziehen. Dann die Mischung durch ein feines Sieb passieren und kalt stellen. Einige Basilikumblätter fein zerkleinern und in die Mischung geben. Das Eis zur Fertigstellung am besten in eine Eismaschine geben oder im Tiefkühlgerät gefrieren lassen.

Zum Servieren mit der Crème-fraîche-Sauce jeweils einen Spiegel in der Mitte der Teller ziehen. Die Kirschtomaten mit dem Ragout füllen und auf den Spiegel setzen. Eine Nocke Basilikum-Eis dazugeben und das Ganze mit Basilikum garnieren.

Die Kuvertüre im Wasserbad schmelzen, dann auf zwölf große Plastikstreifen dünn auftragen und zu hohlen Tropfen formen. In den Kühlschrank geben.

Weiße Capritropfen mit Limonenmousse und Limonensorbet

Für die Mousse den Mascarpone mit der Crème fraîche glatt rühren. In einem Topf den Limonensaft, den Limoncello mit dem Puderzucker erwärmen und rühren, bis der Zucker sich aufgelöst hat. Von der Kochstelle nehmen und die ausgedrückte Gelatine darin auflösen. Die Mischung etwas abkühlen lassen und langsam in die Mascarpone-Crème-fraîche-Mischung einrühren. Das Eiweiß mit dem Zucker zu Schnee schlagen und unter die Mousse heben. Die Sahne steif schlagen und unterheben. In den Kühlschrank stellen.

Die Schokoladentropfen damit füllen. Nochmals in den Kühlschrank geben.

Für das Sorbet einen halben Liter Wasser mit Zucker und Limonensaft aufkochen lassen. Die ausgedrückte Gelatine darin auflösen. Abkühlen lassen und in die Eismaschine geben.

Für den Sirup 250 Milliliter Wasser mit dem Zucker und Vanillemark zu einem Sirup verkochen. Abkühlen lassen. Die Limonen filetieren, zugeben und in dem Sirup bis zum Servieren ziehen lassen.

Die Schokoladentropfen von der Plastikfolie befreien und jeweils 3 auf einem gekühlten Teller anrichten. Mit dem Sirup glasieren und umgießen. Jeweils eine Nocke Sorbet dazugeben und mit Minzeblättern und essbaren Blüten garnieren.

Für die Tropfen

250 g weiße Kuvertüre

Für die Mousse

130 g Mascarpone

130 g Crème fraîche

Saft von 1 Limone

4 cl Limoncello

(italienischer Likör aus Kampanien)

30 g Puderzucker

3 Blatt Gelatine, eingeweicht

125 ml Sahne

2 Eiweiße

20 g Zucker

Für das Sorbet

150 g Zucker

80 ml frisch gepresster Limonensaft

1 Blatt Gelatine, eingeweicht

Für den Sirup

50 g Zucker

Mark von 1 Vanilleschote

2 Limonen

Zum Garnieren

frische Minzeblätter

essbare Blüten, zum Beispiel von Erdbeeren

oder Gänseblümchen

»Mein Job ist,
Menschen glücklich
zu machen –
Kochen ist für mich eine
philantropische Tätigkeit!«

Gefüllte Kaffeetropfen und Kaffeesorbet

Für die Tropfen

200 g Zartbitterkuvertüre

Für die Kaffeemousse

200 g Kaffeebohnen, über Nacht in 500 ml
Sahne eingeweicht
150 g weiße Kuvertüre
1 Ei
1 Eigelb
50 g Zucker
1 Tässchen Espresso
3 Blätter Gelatine, eingeweicht

Für das Kaffeegelee

200 ml Kaffee
4 cl Kaffeelikör
80 g Zucker
2 Blätter Gelatine, eingeweicht

Für das Sorbet

150 g Zucker
500 ml Kaffee
Kaffeelikör (Kahlua)
1 Blatt Gelatine, eingeweicht

Zum Garnieren

Kaffeebohnen oder Schokoladenbohnen

Reine, engelsgleiche Kaffeetropfen vereinen
sich hier mit dem genussreichen Kaffeesorbet.

Für die Tropfen die Zartbitterkuvertüre im Wasserbad schmelzen lassen, auf acht Plastikstreifen dünn auftragen und zu Tropfen formen. In den Kühlschrank legen.

Für die Mousse die eingeweichten Kaffeebohnen abgießen. Dabei die Sahne in einer Schüssel auffangen und steif schlagen.

Die weiße Kuvertüre im Wasserbad schmelzen lassen.

Ei, Eigelb, Zucker und Espresso in eine Schüssel geben und über dem Wasserbad schlagen, bis der Zucker aufgelöst und die Mischung warm ist. Die ausgedrückte Gelatine in der Mischung auflösen. Die weiße Kuvertüre einrühren. Das Ganze etwas abkühlen lassen, anschließend die Sahne nach und nach unterheben. Ein paar Minuten ruhen lassen, dann die Mousse in die Tropfen füllen. Wiederum in den Kühlschrank geben.

Für das Gelee den Kaffee mit dem Kaffeelikör und dem Zucker in einen Topf geben und kurz aufkochen lassen. Die ausgedrückte Gelatine hinzufügen und rühren, bis sie sich aufgelöst hat. Weiterrühren, bis die Mischung erkaltet ist. Mit dem Gelee die Tropfen glasieren. Kalt stellen.

Für das Sorbet den Zucker im heißen Kaffee auflösen, mit dem Likör abschmecken. Die ausgedrückte Gelatine dazugeben und rühren, bis sie sich aufgelöst hat. Abkühlen lassen und zum Gefrieren in die Eismaschine geben oder ins Tiefkühlgerät stellen.

Zum Servieren die Tropfen vorsichtig aus der Plastikfolie nehmen und jeweils zwei auf gekühlte Teller geben. Eine Nocke Kaffeesorbet hinzufügen und mit Kaffeebohnen garnieren.

Für den Savarin

500 ml Orangensaft

6 cl Grand Marnier

50 g Puderzucker

4 Blätter Gelatine, eingeweicht

5 Blutorangen

150 g Crème fraîche

Für den Sabayon

4 Eigelb

50 g Zucker

150 ml Orangensaft

2 cl Grand Marnier

Für die Sauce

200 g Erdbeeren

Puderzucker

Für das Sorbet

200 ml Prosecco

200 ml Weißwein

100 ml Orangensaft

50 g Zucker

Orangenblütenwasser

Zum Garnieren

Blutorangenfilets

Puderzucker

Für den Savarin den Orangensaft auf 150 Milliliter einkochen lassen. Grand Marnier und Puderzucker einrühren. Vom Herd nehmen und etwas abkühlen lassen, dann die ausgedrückte Gelatine unterrühren. Die Mischung ein paar Minuten ruhen lassen. Die Orangen schälen, filetieren. Die Filets zusammen mit der Crème fraîche unter die Mischung heben und diese in Savarinformen füllen. In den Kühlschrank stellen.

Für den Sabayon Eigelb, Zucker, Orangensaft und Grand Marnier über einem Wasserbad rühren oder schlagen, bis sich der Zucker aufgelöst hat und Mischung warm ist. Abkühlen lassen.

Für die Sauce die Erdbeeren pürieren und mit Puderzucker abschmecken. Durch ein feines Sieb passieren. Beiseitestellen.

Für das Sorbet Prosecco, Weißwein, Orangensaft und Zucker in einem Topf zum Kochen bringen. Vom Herd nehmen und abkühlen lassen. Mit Orangenblütenwasser aromatisieren und zum Gefrieren in die Eismaschine geben.

Zum Servieren den Savarin auf gekühlte Teller stürzen. Etwas Sabayon und eine Nocke Sorbet zugeben. Mit Erdbeersauce ein dekoratives Muster ziehen. Mit Blutorangenfilets garnieren und mit Puderzucker bestäuben.

Blutorangensavarin mit
Orangenblütensorbet

Für die Küchlein

Butter und Zucker für die Formen

200 g Quark

2 Eigelb

180 g Eiweiß

60 g Zucker

16 Himbeeren

Puderzucker

Himbeergeist

Für die Himbeersauce

50 g Zucker

500 g Himbeeren

20 ml Himbeergeist

150 ml Wasser

Zitronensaft

Für die Joghurtsauce

100 g Joghurt

Saft einer 1/2 Zitrone

30 g Zucker

Himbeerküchlein
mit Joghurtsauce

Für die Küchlein vier kleine Tarteformen (ca. 7 cm Durchmesser) mit Butter ausfetten, mit Zucker ausstreuen und kalt stellen. Den Quark mit dem Eigelb verrühren. Das Eiweiß mit dem Zucker steif schlagen und vorsichtig unter die Eigelb-Quark-Masse heben. Die Himbeeren mit Puderzucker und Himbeergeist marinieren. Die Küchleinmasse in die Tarteformen füllen und glatt streichen. Je vier Himbeeren hineingeben und die Küchlein bei 180 °C Ober- und Unterhitze ca. 15 Minuten backen.

Den Zucker in einem Topf karamellisieren. Die Himbeeren dazugeben und mit Himbeergeist ablöschen. Das Wasser und den Zitronensaft hinzufügen und für ca. 2 Minuten kochen lassen.

Die Sauce durch ein feines Sieb passieren und kalt stellen.

Für die Joghurtsauce den Joghurt, Zitronensaft und Zucker verrühren.

Zum Servieren die Himbeersauce mittig auf die Teller geben und mit der Joghurtsauce ein Muster ziehen. Die Küchlein aus den Formen stürzen und in die Mitte setzen. Sofort servieren.

»Optimismus ist die Fähigkeit, sich berühren, sich beeindrucken zu lassen.«

Für die Schokoladenblätter die Zartbitterkuvertüre im Wasserbad schmelzen. Unter ständigem Rühren abkühlen lassen. Nochmals leicht erwärmen. Ein Stück Pergamentpapier auf ein Brett legen und die warme Schokolade mit einer Palette etwa 1 mm dick auf das Papier streichen. Die Schokolade einen Moment trocknen lassen, dann in gleich große Rauten schneiden. Für kurze Zeit in den Kühlschrank geben, damit sich die Blätter leichter von dem Papier lösen. Mit den beiden restlichen Kuvertüren genauso verfahren.

Schokoladenblätter mit Nougatmousse und Mokkasauce

Für die Nougatmousse die Zartbitterkuvertüre und das Haselnussnougat im Wasserbad schmelzen lassen. Ei, Eigelb, Zucker und Rum in eine Schüssel geben und über einem Wasserbad schlagen, bis die Masse warm ist. Die ausgedrückte Gelatine in der Masse auflösen. Weiterschlagen, bis die Masse abgekühlt ist. Die Sahne steif schlagen und portionsweise unter die Mousse heben. Kalt stellen.

Für die Mokkasauce Mokka mit Nougat und Zucker aufkochen. Den Rum dazugeben. Unter ständigem Rühren abkühlen lassen und die geschlagene Sahne unterheben. Kalt stellen.

Zum Servieren die Mokkasauce als Spiegel auf gekühlte Teller geben. Mit etwas geschlagener Sahne ein Muster ziehen.

Etwas Nougatmousse in die Mitte des Tellers geben und die verschiedenfarbigen Schokoladenblätter immer abwechselnd rundherum legen.

Für die Schokoladenblätter

50 g Zartbitterkuvertüre

50 g weiße Kuvertüre

50 g Vollmilchkuvertüre

Für die Nougatmousse

80 g Zartbitterkuvertüre

80 g Haselnussnougat

1 Ei

2 Eigelb

50 g Zucker

1 cl Rum

2 Blätter Gelatine, eingeweicht

500 ml Sahne

Für die Mokkasauce

20 ml Mokka

80 g Haselnussnougat

40 g Zucker

4 cl Rum

50 ml Schlagsahne

Zum Garnieren

Schlagsahne

Für den dunklen Ravioliteig

3 Eier
25 ml Öl
1 EL Eiswasser
180 g Mehl
70 g Kakao

Für den hellen Ravioliteig

100 g Pastateig (siehe Grundrezept Seite 250)
1–2 Eigelb
Salz

Für das Eis

250 ml Sahne
250 ml Milch
100 g Pfefferminzlikör

4 Eigelb
100 g Zucker

Für die Füllung

1 EL Zucker
50 gehobelte Mandeln
100 g weiße Kuvertüre
100 g Ricotta

Für die Orangensauce

1 l Orangensaft
1 EL Puderzucker
Grand Marnier
250 g Butter

Zum Garnieren

24 Orangenfilets
24 Pfefferminzblätter

Für den dunklen Ravioliteig die Zutaten miteinander mischen und zu einem glatten Teig kneten. Den Teig in Frischhaltefolie einschlagen und 1 Stunde im Kühlschrank ruhen lassen.

Für das Eis die Sahne mit der Milch und dem Likör in einem Topf zum Kochen bringen. Die Eier mit dem Zucker in einer Schüssel schaumig schlagen und in die heiße Masse rühren. Die Mischung über Wasserdampf rühren, bis sie eine dickliche Konsistenz angenommen hat. Durch ein feines Sieb passieren und zum Gefrieren in die Eismaschine geben.

Schokoladenravioli mit Pfefferminz-Eis

Für die Füllung den Zucker in einer Pfanne hell karamellisieren. Die Mandeln unterrühren und die Masse auf ein eingeöltes Brett streichen. Auskühlen lassen. Die Kuvertüre im Wasserbad schmelzen lassen. Den Mandelkaramell fein zerkleinern und in die flüssige Kuvertüre rühren. Den Ricotta unterheben. In den Kühlschrank stellen.

Für die Sauce den Orangensaft auf ein Drittel einkochen lassen. Den Puderzucker einrühren und mit Grand Marnier abschmecken. In den Mixer geben und die Butter in Würfeln nach und nach untermixen, bis die Sauce cremig ist.

Mit der Nudelmaschine jeweils vom dunklen und hellen Pastateig hauchdünne Teigbahnen (weniger als 1 mm dick) ausrollen und jeweils die Hälfte der Teigplatten mit Eigelb bestreichen. Die Füllung in eine Spritztüte geben und im Abstand von 5 cm teelöffelgroße große Nocken von der Füllung auf den mit Eigelb versehenen Teig spritzen. Jeweils eine zweite (andersfarbige) Teigplatte darüberlegen und den Teig rund um die Füllung gut andrücken. Die Ravioli ausstechen und in reichlich Salzwasser al dente garen. Zum Abtropfen in ein großes Sieb geben.

Vor dem Servieren die Ravioli in die Orangensauce geben und kurz aufkochen lassen.

Zum Servieren die Orangenfilets auf Tellern anrichten, die Minzeblätter darüberlegen. Die Ravioli zwischen den Orangenfilets anrichten und die Sauce darüberträufeln. Zum Schluss eine Nocke Minzeeis in die Mitte geben.

1 kleine Wassermelone

100 g schwarze Oliven

100 g gesalzener Ricotta

Olivenöl

etwas alter Balsamico

(mindestens 15 Jahre alt)

Wassermelone mit gesalzenem Ricotta und Balsamico

Die Wassermelone in vier Rechtecke von ca. 12 x 3 cm, schneiden. Die Oliven entkernen und klein hacken. Den Ricotta in Würfel schneiden und in Olivenöl marinieren.

Zum Servieren ein Wassermelonenrechteck in die Mitte des Tellers legen und die Ricottawürfel daraufgeben. Auf die linke Seite der Melone die Oliven anrichten und die gegenüberliegende Seite mit Balsamicopunkten garnieren.

»Sommer!«

Das Acquarello

Das Acquarello ist mein Restaurant, ist die Welt, in der ich mich entfalte, umgeben von Menschen, die ich schätze und mag. Morgens gehe ich in die Küche, trinke meinen Kaffee, spüre den Geruch der blank geputzten Stahltöpfe, des Feuers, das angemacht wird. Es ist mein tägliches Ritual. Allmählich belebt sich dann die Küche mit Menschen. Als ich die Räumlichkeiten zum ersten Mal betrat, fand ich eine ernste Stimmung vor – Licht hineinzubringen, den Raum aufzuhellen, war von Anfang an mein innigster Wunsch. So habe ich mein Acquarello konzipiert, eine Genusswelt, die wie ein Sonnenfenster zum Süden in meine Cucina del Sole einlädt.
Aber wenn es wirklich etwas gibt, das mich immer wieder aufs Neue überwältigt – dann ist es das Meer. Im Restaurant prangen heute zwei Trompe-l'œil-Wandmalereien: die Amalfi-Küste, von der Insel Capri aus gesehen, und die ligurische Küste – der Norden und der Süden Italiens, vereint durch das Meer.

Die Entfernung ist der Raum, den ich durchquere, Abstände, die ich verringere, mit der Erfindung, mit der Neuinterpretation von Geschmackswelten – und so sehe ich auch meinen Beruf als Gastgeber.

Gastgeber zu sein, bedeutet auch, Wünsche vorherzusehen, gleichsam Gedanken zu lesen. Wenn mein Gast die Hand hebt, um sich bemerkbar zu machen, habe ich schon einen Fehler gemacht. Ich muss auch erkennen, ob ein Gericht Anklang findet, und im Zweifelsfall einen Ersatz anbieten.

Und der Alltag? Die ersten drei Jahre im Restaurant sind immer die schwierigsten – es gibt eine lange Litanei von Pflichten, die ich damals wie einen Rosenkranz heruntergebetet habe:
– du darfst dir keinen Fehler leisten
– du darfst dich nicht von vorschnellen Kritiken entmutigen lassen
– du musst deinem Weg folgen

Das Acquarello setzt sich heute aus 21 Menschen zusammen, die meine Küche realisieren und vermitteln, Menschen, die meine eigene Kultur der Sinne umsetzen und mit Leben erfüllen. Ja, jeden Tag geht es im Acquarello um diese Kultur. Wenn ich das Acquarello betrete, bin ich zu Hause – und so möchte ich auch, dass meine Gäste sich hier zu Hause fühlen.

»Wenn ich das Acquarello betrete, bin ich zu Hause – ...

... und so möchte ich auch, dass meine Gäste sich hier zu Hause fühlen. «

Ciabatta

Für 2 Wecken

Vorteig

150 ml Wasser, lauwarm

30 ml Milch, lauwarm

1/2 Pk. Trockenhefe

5 g Zucker

10 g Weizenmehl

Teig

1/2 Pk. Trockehefe

1/4 l Wasser, lauwarm

1 TL Olivenöl

380g Weizenmehl

10 g Salz

Für den Vorteig in einer Schüssel Wasser mit Milch, Trockenhefe und Zucker gut verrühren. Mehl untermengen und den Teig zugedeckt etwa 12 Stunden bei Zimmertemperatur ruhen lassen. Für den Teig die Hefe in lauwarmen Wasser auflösen, mit Öl vermengen und unter den Vorteig rühren. Mehl und Salz zugeben und mit einem Kochlöffel so lange schlagen, bis der Teig glatt, aber sehr weich ist. Den Teig 3 bis 4 Stunden zugedeckt rasten lassen. Anschließend in zwei Hälften teilen. Mit gut eingemehlten Händen den Teig zu schmalen Wecken formen und auf ein mit Backpapier ausgelegtes Backblech legen. Bei Bedarf nochmals nachformen. Die Wecken abermals, allerdings nicht zugedeckt, ca. 25 Minuten ruhen lassen und anschließend bei 210 °C (statische Hitze) ca. 35 Minuten backen. Während des Backens eine Schale mit siedendem Wasser in den Ofen stellen.

Olivenbrot

Für 2 Brote

40 g Hefe	3 EL Olivenöl
4 dl ((=400 ml oder 4 EL?)) Wasser, lauwarm	1 TL Salz
500 g Weizenmehl	80 g Tomaten, sonnengetrocknet
10 g Kristallzucker	100 g schwarze Oliven, entkernt
	Olivenöl zum Bestreichen
	Rosmarinnadeln

In einer Schüssel die Hefe mit 4 EL lauwarmem Wasser verrühren. 4 EL Mehl sowie den Zucker untermengen, großzügig mit Mehl bestäuben und an einem warmen Ort zugedeckt gehen lassen, bis sich das Teigvolumen verdoppelt hat. Das restliche Mehl mit dem aufgegangenen Vorteig, Öl, Salz sowie dem restlichen Wasser vermengen und in der Küchenmaschine mit Kenthacken oder mit der Hand zu einem glatten Teig verarbeiten. Trockentomaten in kleine Stücke schneiden und die Oliven halbieren. Beides in den Teig einarbeiten und abermals an einem warmen Ort zugedeckt ruhen lassen, bis sich das Teigvolumen verdoppelt hat. Den Teig teilen, auf einer bemehlten Arbeitsfläche zu runden Kugeln formen (schleifen) und diese zu Fladen flach drücken. Nochmals zugedeckt gehen lassen, mit Olivenöl bestreichen und mit Rosmarin bestreuen. Die Laibe auf ein mit Backpapier ausgelegtes oder eingeöltes Backblech legen und im vorgeheizten Backrohr bei 190 °C auf der untersten Schiene 25 bis 30 Minuten backen. Während des Backens eine Schale mit siedendem Wasser in das Backrohr stellen.

Pastateig

400 g Mehl	7 Eigelb
100 g Hartweizenmehl	2 Eier
1 Prise Salz	1 TL Olivenöl

Mehl und Salz in einer Schüssel mischen. Die Mischung auf die Arbeitsfläche geben, anhäufen und eine Mulde in die Mitte drücken. In die Vertiefung die Eigelbe, die Eier und das Öl geben und das Mehl mit der Hand einarbeiten. Das Ganze gründlich verkneten, bis ein fester, elastischer Teig entstanden ist.

Den Nudelteig in Frischhaltefolie einschlagen und in den Kühlschrank stellen. Darin hält er sich 2 bis 3 Tage, er kann aber nach dem Durchkühlen auch am selben Tag zu beliebiger Pasta weiterverarbeitet werden.

Risotto

240 Risotto Reis (Carnaroli oder Arborio)	5 cl trockener Weißwein
1 EL Olivenöl	100 g kalte Butter
2 Schalotten, fein gewürfelt	80 g geriebener Parmesan
1 l Geflügelbrühe (siehe	Salz, Pfeffer
Grundrezept Seite 252)	

Die Schalotten in Olivenöl glasig dünsten. Den Reis dazugeben, ebenfalls kurz mitan-schwitzen und mit Weißwein ablöschen. Nach und nach mit Geflügelbrühe aufgießen, sodass der Risotto immer knapp bedeckt ist.

Nach ca. 20 Minuten, wenn die Reiskörner noch leicht Biss haben, die kalte Butter und den Parmesan unterrühren. Mit Salz und Pfeffer abschmecken.

Putenfarce

200 g Putenbrust

Salz, Pfeffer

1 Ei

20 g gebräunte Butter

100 ml Sahne

Putenfleisch würfeln und zum Durchkühlen 30 Minuten in den Kühlschrank stellen. Mit Salz und Pfeffer würzen und im Mixer pürieren.

Langsam die Sahne, das Ei und die Butter zugeben und zu einer sehr feinen Masse mischen.

Geflügelfond (Geflügelbrühe)

1 Suppenhuhn, etwa 800 g schwer,

oder 1 kg zerkleinerte Geflügelknochen

1 Stange Staudensellerie

1 Stück Porree

1 Möhre

2 Schalotten

50 g Butter

10 Pfefferkörner

1 Lorbeerblatt

Salz

100 ml Weißwein

Das Suppenhuhn halbieren. Sellerie, Porree, Möhre und Schalotten putzen und in Würfel schneiden. Die Butter in einem großen Topf erhitzen und darin das Huhn und das Gemüse hell anschwitzen. Pfefferkörner, Lorbeerblatt und eine kräftige Prise Salz hinzufügen. Mit Weißwein ablöschen und abkühlen lassen.

Etwa 1,5 Liter Wasser in den Topf füllen und zum Kochen bringen. Die Hitze verringern und das Ganze etwa 2 Stunden leicht köcheln lassen; dabei aufsteigenden Schaum abschöpfen.

Den Fond in eine Schüssel abgießen und anschließend durch ein feines Sieb passieren. Im Kühlschrank aufbewahren.

Dunkler Kalbsfond

1 kg Kalbsknochen, vom Metzger in kleinere
Stücke gehackt

Olivenöl

1 Stange Staudensellerie

3 Möhren

3 weiße Zwiebeln

4 Knoblauchzehen

2 EL Tomatenmark

600 ml Rotwein

2 Lorbeerblätter

1 Zweig Rosmarin

10 weiße Pfefferkörner

1 Gewürznelke

Den Backofen auf 220 °C (Gas Stufe 4) vorheizen.

In einer großen Kasserolle das Öl erhitzen und darin die Kalbsknochen kräftig anbraten, dann 20 Minuten im vorgeheizten Ofen bräunen.

Inzwischen Sellerie, Zwiebeln und Möhren putzen und in kleinere Würfel schneiden. Den Knoblauch abziehen und grob zerkleinern.

Die Kasserolle bei mittlerer bis starker Hitze wieder auf den Herd stellen. Gemüse, Knoblauch und Tomatenmark zu den Knochen geben und mitrösten. Mit einem Schuss Rotwein ablöschen und einkochen lassen. Diesen Vorgang so lange wiederholen, bis der Wein aufgebraucht ist und der Fond eine kräftige Farbe angenommen hat. Lorbeerblätter, Rosmarin, Pfefferkörner und Nelke sowie etwa 2 Liter Wasser hinzufügen. Die Hitze verringern und den Fond etwa 4 Stunden köcheln lassen; dabei ständig entfetten und abschäumen. Den Fond in eine Schüssel abgießen und anschließend durch ein feines Sieb passieren.

Zum Aufbewahren den Fond in sterilisierte, luftdicht verschließbare Gläser füllen und diese im Kühlschrank lagern.

Heller Kalbsfond

1 Stange Staudensellerie	2 kg klein gehackte Kalbsknochen und Parüren
2 Möhren	Salz
1 kleiner Porree	1 Lorbeerblatt
2 Schalotten	10 Pfefferkörner
50 g Butter	200 ml Weißwein

Sellerie, Möhren, Porree und Schalotten putzen und würfeln. Die Butter in einem großen Topf zerlassen und darin die Knochen, Parüren und das Gemüse anschwitzen. Lorbeerblatt, Pfefferkörner und eine kräftige Prise Salz hinzufügen. Mit Weißwein ablöschen und abkühlen lassen.

Etwa 3 Liter Wasser in den Topf füllen und zum Kochen bringen. Die Hitze verringern und das Ganze etwa 2 Stunden leicht köcheln lassen; dabei den aufsteigenden Schaum abschöpfen.

Den Fond in eine Schüssel abgießen und anschließend durch ein feines Sieb passieren. Im Kühlschrank aufbewahren. Der Fond hält sich länger, wenn man ihn in sterilisierte, luftdicht verschließbare Gläser abfüllt.

Brauner Lammfond

1 Zwiebel
1 Stange Staudensellerie
3 Tomaten
1 kg Lammknochen
3 EL Olivenöl
2 EL Tomatenmark
3 Knoblauchzehen
1 Zweig Rosmarin

2 Lorbeerblätter
10 Pfefferkörner
Salz
40 g Butter
100 ml Weißwein

Den Backofen auf 200 °C (Gas Stufe 3) vorheizen.

Die geschälte Zwiebel, den Sellerie und die Tomaten würfeln. Das Öl in einer Kasserolle erhitzen und darin die Lammknochen in Öl anbraten, bis sie rundum kräftig gebräunt sind. Das Tomatenmark zugeben und 2 bis 3 Minuten mitrösten. Das gewürfelte Gemüse, den Knoblauch, Rosmarin, Lorbeerblätter, Pfefferkörner und Salz nach Belieben hinzufügen und kurz andünsten. Die Butter unterrühren und das Ganze 15 Minuten im vorgeheizten Ofen braten.

Noch im Ofen den Weißwein zum Ablöschen über die Knochen gießen. Herausnehmen und etwas abkühlen lassen. Die Kasserolle auf den Herd setzen und 2 Liter Wasser zugießen. Zum Kochen bringen, dann die Hitze verringern und die Knochen etwa 4 Stunden leicht köcheln lassen; dabei den aufsteigenden Schaum abschöpfen. Den Fond mit Salz abschmecken. In eine Schüssel abgießen und anschließend durch ein Haarsieb passieren und abkühlen lassen.

Wildfond

1 kg klein gehackte Wildknochen und Parüren	1 Lorbeerblatt
3 EL Olivenöl	Thymianzweig
2 Möhren	Rosmarinzweig
2 Zwiebeln	5 Wacholderbeeren
2 Stangen Staudensellerie	10 weiße Pfefferkörner
1 EL Tomatenmark	1 Gewürznelke
300 ml Rotwein	

Den Backofen auf 220 °C (Gas Stufe 4) vorheizen. Die klein gehackten Knochen und Parüren in Öl anrösten. Im vorgeheizten Backofen bei 220 °C 20 Minuten bräunen.

Grob gewürfeltes Gemüse und Tomatenmark mitrösten. Mit Rotwein ablöschen und einkochen lassen. Gewürze und Kräuter zugeben, mit Wasser auffüllen. Ca. 4 Stunden köcheln lassen, zwischendurch abschäumen. Leicht salzen, passieren und kühl stellen.

Fischfond

500 g Fischgräten (von Steinbutt, Seezunge)	1 Zweig Thymian
1 Stange Porree	1 Stängel Petersilie
1 Stange Staudensellerie	1 große Prise Salz
3 Schalotten	2 Lorbeerblätter
2 EL Olivenöl	1/2 l Weißwein
8 weiße Pfefferkörner	

Die Fischgräten unter kaltem fließendem Wasser abspülen, zerkleinern und abtropfen lassen.

Porree, Sellerie und Schalotten putzen und grob würfeln. Das Öl in einem großen Topf erhitzen und darin das Gemüse andünsten (es sollte keine Farbe annehmen). Die Fischgräten und alle restlichen Zutaten hinzufügen. Drei Viertelliter kaltes Wasser zugießen und das Ganze bei schwacher Hitze 20 Minuten köcheln lassen – falls nötig, zwischendurch abschäumen. Die Fischgräten herausheben. Den Fond in eine Schüssel abgießen und anschließend durch ein feines Haarsieb oder ein Tuch passieren.

Krustentierfond

500 g Krustentierkarkassen	1 EL Tomatenmark
1 Möhre	6 cl Cognac
2 Schalotten	300 ml Weißwein
1 Stange Staudensellerie	10 weiße Pfefferkörner
1 kleine Stange Porree	1 Zweig Thymian
1/2 Fenchelknolle	1 Zweig Estragon
3–4 EL Olivenöl	Safranfäden

Die Karkassen unter fließendem Wasser abspülen, abtropfen lassen und fein zerstampfen. Das Gemüse putzen, in Würfel schneiden und in Öl anschwitzen. Mit Cognac ablöschen, flambieren. Mit Weißwein auffüllen und die klein geschnittenen Tomaten dazugeben. Kräuter und Gewürze beigeben und mit Wasser auffüllen. Ca. 1 Stunde bei kleiner Hitze kochen lassen, passieren und kalt stellen.

Butterfond

2 Schalotten	250 ml Geflügelbrühe
Olivenöl	(siehe Grundrezept Seite 252)
50 ml Weißwein	100 g kalte Butter

Die Schalotten schälen und würfeln.

Das Öl in einem Topf erhitzen und darin die Schalotten glasig dünsten. Mit Weißwein ablöschen. Die Geflügelbrühe zugießen und das Ganze auf die Hälfte einkochen lassen. Den Fond durch ein Sieb passieren. Mit Butterwürfeln zu einer sämigen, glatten Masse rühren.

Tomatenfond

500 g vollreife Strauchtomaten	2 Lorbeerblätter
1 Schalotte	5 weiße Pfefferkörner
30 ml Noilly-Prat (französischer Wermutwein)	Rotweinessig
5 Basilikumblätter	Zucker
1 Anisstern	Salz
1 Knoblauchzehe	

Tomaten waschen und grob zerkleinern. Im Mixer mit 200 ml Wasser pürieren. Die Schalotte schälen, würfeln und mit den Tomaten in einen Topf geben. Die restlichen Zutaten dazugeben und das Ganze zum Kochen bringen. Vom Herd nehmen und etwa 10 Minuten ziehen lassen. Den Fond durch ein Tuch passieren. Mit Rotweinessig, Zucker und Salz abschmecken.

Pesto

100 g Basilikum	20 g grob zerkleinerter Parmesan
20 g Pinienkerne	100 ml natives Olivenöl extra
20 g harter Ziegenkäse	Salz

Basilikum, Pinienkerne, Ziegenkäse und Parmesan im Mixer (oder Mörser) pürieren. Das Öl in kleinen Portionen langsam einarbeiten. Mit Salz abschmecken. Ergibt etwa 200 Gramm Pesto.

Trüffelsauce

40 ml Trüffeljus aus der Dose oder dem Glas

1 kleine schwarze Trüffel

2 TL Butter

50 ml dunkler Kalbsfond

(siehe Grundrezept Seite 253)

Thymian

Salz

Pfeffer aus der Mühle

50 g kalte Butter

Die Trüffel sorgfältig reinigen und die Hälfte davon in kleine Würfel schneiden. Die Butter in einem Topf zerlassen und darin die Trüffelwürfel leicht andünsten. Trüffeljus und Kalbs- fond zugießen und die Sauce reduzieren. Mit Thymian, Salz und Pfeffer abschmecken. Die Butter einrühren, um die Sauce zu binden.

Die restliche Hälfte der Trüffel in feine Scheiben hobeln und als Garnitur – zusammen mit frischen Thymianblättchen – auf das Gericht, zu dem die Trüffelsauce gereicht wird, geben. Besonders gut schmeckt die Sauce zu Kalbfleisch.

Weißweinsauce

2 Schalotten

500 ml Weißwein

1 Lorbeerblatt

10 Pfefferkörner

750 ml Sahne

100 g Butter

Salz

Pfeffer aus der Mühle

Die Schalotten putzen und würfeln und mit dem Weißwein, dem Lorbeerblatt und den Pfefferkörnern in einen großen Topf geben. Das Ganze zum Kochen bringen und auf die Hälfte einkochen lassen. Die Sahne zugießen und aufkochen lassen. Die Butter unterrüh- ren. Mit Salz und Pfeffer abschmecken. Ergibt etwa 1 Liter Sauce.

Hausdressing Acquarello

375 ml roter Portwein

375 ml Madeira

250 ml Aceto balsamico

250 ml Geflügelfond

1 l Olivenöl

500 ml Sonnenblumenöl

1 TL Dijon-Senf

Salz und Pfeffer

Rotweinessig

Portwein und Madeira in einen großen Topf geben, zum Kochen bringen und bei mittlerer Hitze köcheln lassen, bis die Flüssigkeit auf die Hälfte reduziert ist. Aceto balsamico und Geflügelfond zugießen Das Öl nach und nach (am besten mit einem Schneebesen) einrühren. Das Dressing mit Salz, Pfeffer, Senf und Rotweinessig abschmecken.

Das Dressing in sterilisierte, luftdicht verschließbare Gläser füllen und im Kühlschrank aufbewahren. Gut verschlossen und gekühlt hält es sich mehrere Wochen. Ein geöffnetes Glas zügig verbrauchen (deshalb füllt man das Dressing besser in mehrere kleinere Gläser).

Getrocknete Tomatenscheiben

1 große Fleischtomate

Puderzucker

Salz

Pfeffer aus der Mühle

Die Fleischtomate in hauchdünne Scheiben schneiden und auf ein mit Backpapier ausgelegtes Kuchenblech legen. Die Tomaten großzügig mit Puderzucker bestäuben, salzen und pfeffern.

Die Tomatenscheiben im Backofen bei 60 °C (Gas kleinste Stufe) etwa 8 Stunden trocknen lassen; in dieser Zeit die Tomaten mehrmals vorsichtig wenden. Die Tomatenscheiben vom Blech nehmen und auf einem Kuchengitter abkühlen lassen.

Kandierte Tomatenfilets

8 vollreife Tomaten

Salz

Pfeffer aus der Mühle

Zucker

Olivenöl

gemischte Kräuter (etwa Thymian, Rosmarin

und Basilikum)

1 Knoblauchzehe, gehackt

Die Tomanten häuten, vierteln, entkernen und in Filets schneiden. Die Tomatenfilets auf ein Blech legen und mit Salz, Pfeffer und Zucker würzen. Mit Olivenöl beträufeln und die Kräuter und den Knoblauch darüberstreuen. Im Backofen bei 70 °C (Gas kleinste Stufe) 6 bis 8 Stunden trocknen lassen.

Schwarze Nüsse

500 g grüne Walnüsse

500 g Zucker

1/2 Orange

1 Gewürznelke

1 Anisstern

1 Zimtstange

500 ml Sherry-Essig

Die Nüsse mit einer Nadel rundherum einstechen und 8 bis 10 Tage wässern; dabei das Wasser täglich wechseln.

Einen Liter Wasser mit allen restlichen Zutaten in einem Topf zum Kochen bringen und darin die Walnüsse weich garen. Die Nüsse in Einmachgläser geben und mit dem kochend heißen Sud bedecken. Die Gläser sofort verschließen.

Die Cucina del Sole – eine Hightech-Küche?

Meine Cucina del Sole nährt sich von der Tradition, lebt aber in der Gegenwart und setzt mit Kreativität die Möglichkeiten ein, die Fortschritt und Technik uns heute bieten. Dank einer neuen Generation von Küchengeräten kann man etwa die Temperatur während des Kochprozesses punktgenau kontrollieren oder bei der Verarbeitung verschiedener Zutaten die erwünschte Konsistenz perfekt erreichen.

Garen, mixen, reiben, emulgieren – das sind Prozesse, die man natürlich von den traditionellen Küchengeräten kennt. In meiner Küche wird jeden Tag für viele Gäste gekocht. Jeden Tag wird die gleiche Qualität, der gleiche hohe Standard erwartet: Mittels der heutigen Hightech-Geräte kann dies mit einem Höchstmaß an Präzision und Perfektion erreicht werden.

Holdomat – der Tempomat der Küche: Das Gerät programmiert gradgenau die Temperatur für Fisch und Fleisch.

Pacojet – die Eismaschine von morgen. In nur wenigen Sekunden emulgiert und verarbeitet der Pacojet die Zutaten zu einer Creme in den erwünschten Portionen.

Pfanne und Grillpfanne nicht zu vergessen! Sie gehören in jede Hightech-Küche!

Rallador – senkrechte Käsereibe, verleiht dem geriebenen Käse eine luftige Konsistenz und hebt sein Aroma hervor.

Convotherm – der perfekte Heißluftdämpfer für die kleine und schnelle Küche.

Julabo – hochpräziser Thermostat für die Garung im Wasserbad bei kontrollierter Temperatur; verleiht Fisch und Fleisch eine herrlich saftig-knusprige Konsistenz.

Siphon – die moderne Version des Schneebesens, mit Ozon-Kapseln. Verarbeitet Mousses, mit diversen Texturen und unterschiedlichem Geschmack.

Thermomixer TM 21 – kann bis zu 12.000 Umdrehungen pro Minute erreichen; die Temperatur ist zwischen 40 °C und 100 °C regulierbar – zum Dämpfen, aber auch für Saucen geeignet.

In der Küche ist Technik wichtig, ebenso Wissen und Erfahrung. Das Wichtigste allerdings ist die innere Aufgeschlossenheit – ich kann es mir nicht leisten, den Blick zu verschließen, immer und überall halte ich die Augen offen für Inspiration und Innovation. Verankert in der Tradition, entwickelt sich meine Cucina del Sole jeden Tag weiter – ohne Stillstand.

So sind die Rezepte in diesem Buch eigentlich eine Bestandsaufnahme, denn unablässig arbeite ich an den Gerichten weiter. Meine Aufforderung an Sie: Entwickeln Sie in Ihrer Küche die Rezepte kreativ weiter, erfinden Sie sie neu! Und zwar frei und selbstbewusst, mit Offenheit und Experimentierfreude!

Register der Rezepte

Secondi di pesce – Fisch und Meeresfrüchte

Secondi di carne – Fleischgerichte

Dolci – Desserts

Maestri & Amici

Basi – Grundrezepte

Danksagung

Dedicato in silenzio a mio padre Antonio Gamba.

Ein unendlicher und sonnestrahlender Dank gilt meiner Familie – vertrauens-, verständnis- und liebevolle Zeugen meines Lebens: Clara, Alvaro, Corrado, Massimiliano und Tanja, Sarah und Cengiz, meine kleine Sofia (»la principessa!«) und mein Sonnenstrahl Brigitte, meine Enkelkinder Fabio (»il filosofo!«) und Alissa (»piccola leonessa!«) und mein Onkel Alberto Fuschiotti, dem ich meine ersten Schritte in der Gastronomie und überhaupt die Leidenschaft für diesen Beruf verdanke.

Ich danke meinen treuen Freunden, die mich lieben und mich mit einem Händeschütteln, mit einem Lächeln, mit einem Blick erkennen: Heinz Winkler und Gualtiero Marchesi, meine Meister … Aldo Derrico, Sühar und Gigi Erler mit Familie, Nathalie und Dr. Klaus Ewers, Professor Dr. Raoul Muhm, Frank Buchholz, Wolfgang Ritter, Nicola Avanti, Vincenzo D'Orta, Clemente Ferrara, Bernd Euler und Dr. Rita von Spanyi. Wie in der Liebe werden auch in der Freundschaft Kinder geboren!

Ein großer Dank gebührt allen Menschen, die mir während der Entwicklung meines Lebensprojekts »Acquarello« nahe gewesen sind: Dr. Christoph Kürn, Walter Sacchetti, Valerio Scopel, Roberto Farnetani.

Meistens sind Ereignisse das Ergebnis von Synergien: Ohne das Vertrauen und den Einsatz von zahlreichen Menschen hätte dieses Buch nicht entstehen können. Ein besonderer Dank gebührt an dieser Stelle denjenigen, die »Cucina del Sole« möglich gemacht haben: meiner Verlegerin Anja Heyne für ihren unerschütterlichen Glauben an dieses Projekt sowie Jürgen Welte und Alexander Stauch.

Ein besonderer Dank für das Engagement und die Professionalität bei den unendlichen Shootings, in denen meine Rezepte originalgetreu fotografiert worden sind, geht an Bernd Euler und Bodo Schieren.

Ein herzlicher Dank geht an: Alexandra Seeliger (meine rechte Hand) für ihre große Leistung sowie an Nicole Rummeny und Nicola Avanti (für die Betreuung von »Acquarello Italia« in Alba). Meine große Anerkennung und mein Dank gehen auch an mein gesamtes Küchen- und Serviceteam, vor allem: Anton Pozeg, Rebecca Kühnlein, Andreas Wunderer, Hans Meisinger, Guiseppe Di Franca, Stefano La Grassa, Florian Oettl, Clarissa Friedl, Dorothea von Dobbeler, Henry Dupuy, Pierro Marcellino, Benno Niederwieser, Oliver Glowig, Detlev Schmidkunz, Jean-Michel Feret, Daniel Angerer, Davide Oldani, Markus Schuster, Nicola Avanti, Marco Christina.

Ein besonderer Dank gebührt Angelika und Harry Lindel.

Schließlich und vor allem danke ich unseren Gästen für das uns entgegengebrachte Vertrauen – und Ihnen, liebe Leser, in der Hoffnung, uns bald im Acquarello kennenzulernen!

Mit Liebe, Mario Gamba

Pasta all'uovo
senza farina ...

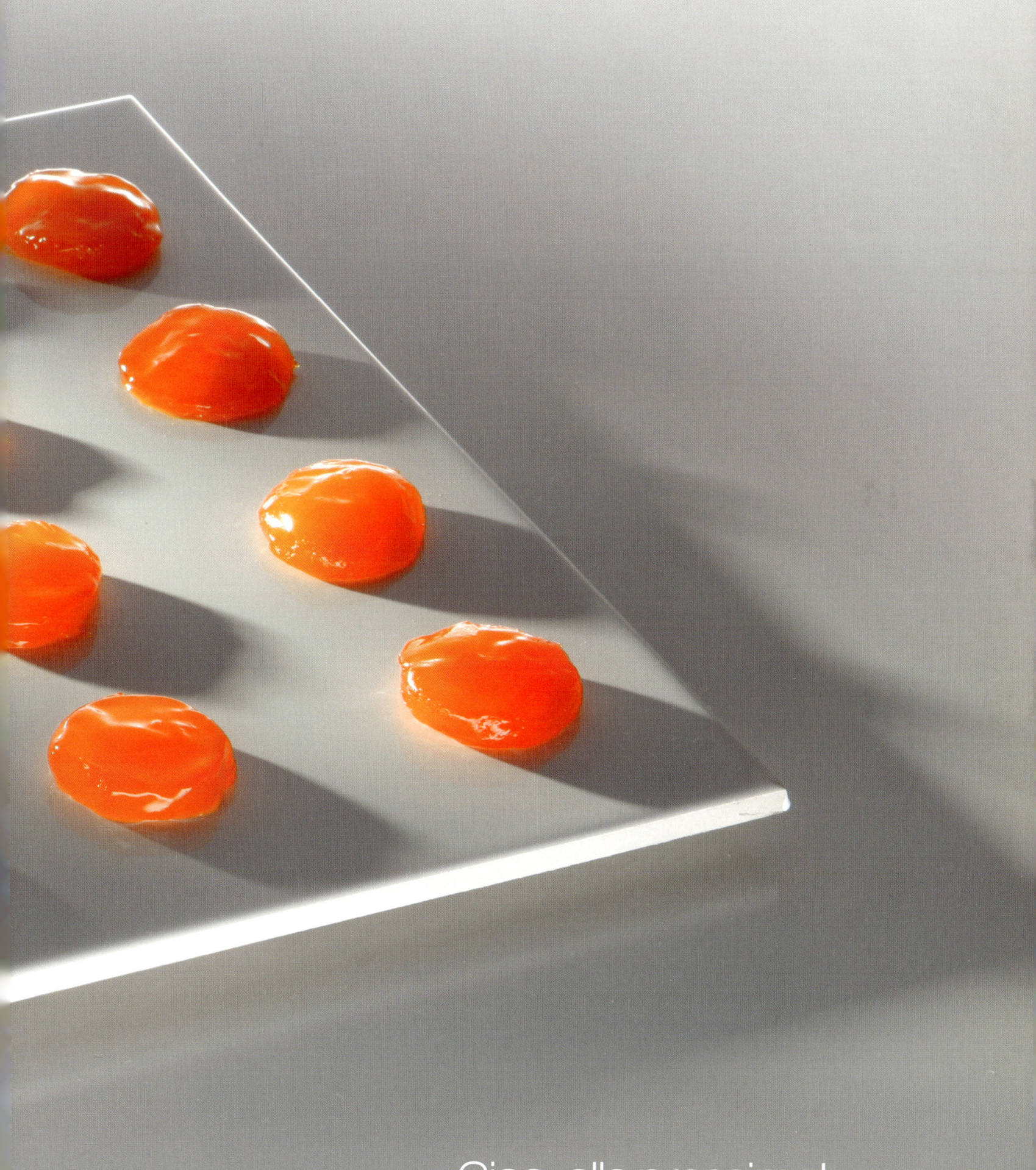

Ciao, alla prossima!

Impressum

www.collection-rolf-heyne.de

Copyright © 2009 by Collection Rolf Heyne GmbH & Co. KG, München

Lithographie
Lorenz & Zeller, Inning a. A.

Druck und Bindung
Offizin Andersen Nexö, Leipzig

Printed in Germany

ISBN 978-3-89910-434-9